＊項目と資料名は、目次のうえでは簡

JN061118

『2024年国民春闘白書』

たたかう労働組合のバージョンアップ
低賃金と物価高騰から生活まもる大幅賃上げ・底上げを　軍拡・増税でなく社会保

もくじ

——24国民春闘の焦点——

賃金が上がる国を「労働組合主導」でつくる24国民春闘

国民春闘共闘委員会事務局長　黒澤幸一

はじめに

人間らしい生活と豊かな職場・地域にするために、この日本を「賃金が下がり続ける国から上がる国に転換する」。この要求を労働者が労働組合の力でたたかい、職場・地域から実現させるのが24国民春闘のビジョン。23春闘で賃上げさせたものの実質賃金は下がり続け労働者の生活は厳しい状況が続いている。正規・非正規間の格差やジェンダーギャップが広がっている。ケア労働者の処遇が低いままに置かれている。

国民春闘共闘・全労連は23国民春闘で、およそ四半世紀ぶりとなる6000円台の賃金引き上げを引き出した。コロナ禍のなか20春闘から重視してきたケア労働者の賃上げアクションで政府にケア労働者の賃上げ施策を取らせた。最低賃金の全国一律1500円以上の実現を求め過去最高の時給43円（4.5%）の引き上げで全国加重平均1000円超えの到達をつくりだした。そして、何よりも、「たたかう労働組合のバージョンアップ」をかかげ、ストライキや産別や地域の統一闘争でたたかい、労働組合主導の賃上げへの希望を示した。当該の職場の使用者はもとより、社会的にも強いインパクトを与え、賃金は労働者が声をあげてたたかってこそ引き上げられることを実践で示した。その流れと勢いが、この日本でも「労働組合」と「ストライキ」への期待となって広がり始めている。

一方で、企業の内部留保も企業利益も過去最高を更新し続けている。人手不足対策や企業利益を増やすための経営者都合の賃上げは、労働者の生活改善をもたらさないことや、「賃金が上がる国への転換」はできないことを示している。労働組合がストライキなどの強い交渉力を持ち、労使対等の交渉ができてはじめて賃上げは実現される。24春闘では、23春闘を上回るストライキや統一闘争を成功させたい。労働組合主導型の賃上げをさらに職場・地域から広げたい。

コロナ禍は長期に及び、地域の公共体制があまりにも脆弱な状況にあることを浮き彫りにした。これまでの悪政と大企業の利益優先の経済政策が公共を破壊し続けてきた結果もたらされたものだ。岸田政権は、コロナ禍の事態を踏まえて公共と福祉の充実を図るどころか、社会保障費を削減し軍拡を推し進めている。労働者・国民の公共と福祉が守られ、賃金が上がる国へ政治も変える必要がある。

国民春闘共闘・全労連の「たたかう春闘」を振り返ると、財界・大企業の攻撃に屈することなく大幅賃上げ・底上げの要求実現をめざし、組合員や職場の切実な要求を出発点に産業別統一闘争や全国的な統一行動などを地域から展開したたかってきたことが軸となる。労働者国民の苦難の根本にある「大企業のぼろ儲けや内部留保の社会的還元」「新自由主義路線による競争と分断を強いる諸制度を労働者・国民本位に転換すること」「社会的賃金闘争で最低賃金や公務員賃金や公契約制度の改善をはかること」などを、職場闘争とともに社会的に実現させるたたかいで前進をはかってきた。

いま、そのたたかいをさらに発展させるために必要なことがある。「たたかう労働組合のバージョンアップ」だ。24国民春闘は、その第二幕。①ストライキなど高い交渉力でたたかえる組織になること、②産別や地域の統一闘争への結集を強めること、③要求の求心力で仲間を増やすことができる労働組合になることだ。「職場活動、職場闘争の強化」が必要だ。私たちたたかう労働組合自身が力をつけることで、賃金が上がる国への転換、政治を労働者・国民に取り戻し、公共や福祉の充実がはかられる政治への転換をめざす。

24国民春闘では、二つのキャンペーンに取り組む。一つは、最低賃金を全国一律に法改正させるキャンペーン。最低賃金アクションプラン2024として4年にわたり重点課題としてきたが最終盤だ。もう一つは、ジェンダー平等推進キャンペーンに取り組む。また、非正規労働者の賃金引き上げと雇用の遵守、公務職場で働く会計年度任用職員の組織化や最低賃金のたたかいなどを「非正規春闘」と位置付けてたたかう。

これまでの教訓からも、既存の労働組合での燃えるようなたたかいと組合員参加、地域全体で賃上げの流れを大きくする地域春闘ができるかどうかがカギとなる。そして、「仲間を増やして春闘に勝利する」方針を太く貫いて春闘に勝利しようではないか。

① たたかう労働組合とストライキに高まる期待

今、変化の時を迎えている。労働者・国民の労働組合やストライキに対する思いの変化だ。国民春闘共闘・全労連の「たたかう春闘」と23国民春闘でのストライキを背景にしたたたかいが、日本におけるたたかう労働運動の再生への足掛かりをつくりはじめている。8月30日に決行された連合所属のそごう・西武労組による、一日営業を止めるストライキはまさにその流れのなかでつくり出された。その後、マスコミが「闘わない労組の転機」（日経新聞8.31）、「ストライキの力、労働組合の存在感示せ」（朝日新聞社説9.27）とする記事を掲載するなど、労働組合やストライキへの期待が広がりはじめている。愛労連の労働相談には「労働組合をつくりたい、労働組合に入りたいとする相談がここ1か月間に10件を超えている」との報告も寄せられている。

引き続き、欧米を中心とする労働者のストライキによる賃上げ、処遇と雇用を守るたたかいが大きなうねりとなっている。アメリカのハリウッドの俳優らの16万人、自動車ビッグ3労組などのストライキが広がり、自動車労組の40％以上の賃上げ要求を求めるストライキは、拡大する戦術がとられたたたかいが強められている。

私たちのこの間のたたかう春闘が、日本の労働組合運動の前進に向けて大きく歩み出す変化のときを迎えている。この流れを24国民春闘ではさらに広げたい。

② 賃金が上がる国への転換を

日本の労働者の賃金は、残念なことに、下がり続けている。8月実質賃金は、前年比2.5％減で17か月連続のマイナスだ。名目賃金は前年同月比で一般労働者は1.2％上昇、パート労働者は2.9％上昇しているが、物価上昇率は22年7月以降3％以上の高水準が続いている。23春闘での賃上げ水準では、生活改善につながる状況にはない。

また、最低賃金をめぐって岸田首相は「2030年半ばまでには、時給1500円にする」と表明したが10年以上も先の話であるうえ、広がる地域間格差には何の言及もなく看過することはできない。直ちに、全国一律への法改正、そして、時給1500円以上の実現に向けてたたかいを強めなければいけない。

世界では、最低賃金が大幅に引き上げられている。すでにオーストラリアで約2161円、米ワシントン州約2084円、フランスでは5月から約1608円となっている。ドイツでは2024年1月から約1732円、韓国の2024年の最低賃金は約1080円となり、日本の平均を上回る。

所得格差が過去最高水準に広がっている。厚生労働省は2021年の格差の大きさを示す「ジニ係数」が、税や社会保障による再配分前の当初所得で0.5700となり、前回の17年調査（0.5594）から上昇、過去最高だった14年調査に次ぐ水準となっている。

他方で、大企業・投資家・富裕層の富は増大し続けている。財務省「法人企業統計調査」によれば、2023年1～3月期決算の資本金10億円以上の大企業の内部留保は511.4兆円に上り、14年間で1.8倍に増加している。一方、実質賃金は自公政権の10年で年収24.1万円減り、四半世紀で最低となっている。賃上げを抑制し、大幅なコスト減などで利益を膨らませて内部留保を積み増したこと

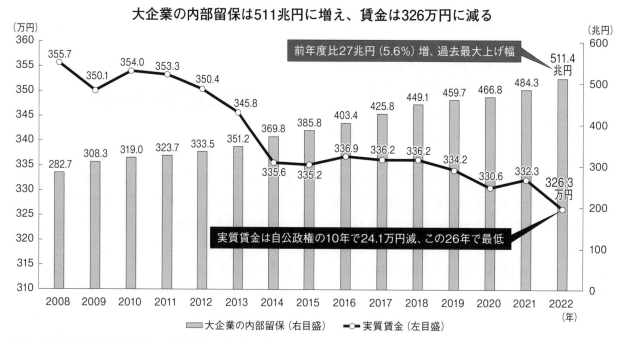

大企業の内部留保は511兆円に増え、賃金は326万円に減る

（万円）　　　　　　　　　　　　　　　　　　　　　　　　　　　　　　　　　（兆円）

前年度比27兆円（5.6%）増、過去最大上げ幅

実質賃金は自公政権の10年で24.1万円減、この26年で最低

355.7　350.1　354.0　353.3　350.4　345.8　335.6　335.2　336.9　336.2　336.2　334.2　330.6　332.3　326.3万円

282.7　308.3　319.0　323.7　333.5　351.2　369.8　385.8　403.4　425.8　449.1　459.7　466.8　484.3　511.4兆円

2008　2009　2010　2011　2012　2013　2014　2015　2016　2017　2018　2019　2020　2021　2022（年）

■ 大企業の内部留保（右目盛）　—●— 実質賃金（左目盛）

資料：内部留保は財務省「法人企業統計調査」の資本金10億円以上の大企業の年度額。実質賃金は厚生労働省「毎月勤労統計調査」の年度ごとの実質賃金を2022年度の現金給与総額を起点に実額化

は明らかだ。グローバル大企業は円安で大きな利益を手にしている。

23春闘で一定の賃上げをつくり出したが、30年余りにわたる実質賃金の低下を改善させ、生活改善が実感できる状況にはなく、引き続き厳しい状況にあると踏まえる必要がある。

24国民春闘では、ストライキなど高い交渉力や統一闘争への結集を強め、「賃金が下がり続ける国から上がる国への転換」をめざし声を上げようではないか。

③　岸田政権「新しい資本主義」は生活破壊と分断

6月21日に閉会した通常国会で岸田政権は、内閣が提出した60本の法案のうち、防衛費増額の財源を確保するための特別措置法や、原発の60年超の運転を可能にするＧＸ脱炭素電源法など、国民生活に重大な影響をもたらす58本の法案を成立させた。6月16日には、経済財政運営の指針「骨太方針」と成長戦略「新しい資本主義実行計画」を閣議決定した。少子化対策と称し、財源は社会保障の歳出削減で確保する方針で、防衛費増額の財源に振り向けようとしている。また、保険証の廃

止によるマイナンバーカードの強制、個人事業主など小規模事業者に増税を課すインボイス制度の導入など多くの労働者・国民の反対の声に耳を傾けない政治が続けられている。福島原発事故汚染水の海洋放出、宮城県では病院統廃合計画の推進、大阪では維新政治によるカジノ誘致や大阪・関西万博の増額と強行など、全国各地で住民の声を無視する企業利益優先の政治によって公共破壊がすすめられている。

さらに、「三位一体の労働市場改革」をかかげ、①リ・スキリング（学び直し）、②職務給（ジョブ型人事）、③労働移動の円滑化をすすめようとしている。成果型賃金の促進とリストラ誘導、不当・無効な解雇を金銭解決する制度や、裁量労働制の拡大、雇用によらない働き方への誘導など、労働者に自己責任を押し付ける労働政策をすすめている。いずれも、労働者を保護する労働法制を解体して経営者の雇用責任をなくす方向に推し進めている。成果主義の拡大や雇用から自己責任による労働を強いる狙いは、労働組合つぶし、労働組合を骨抜きにする施策につながり、その点からも放置することが出来ないものだ。

厚生労働省は、10月20日に「新しい時代の働き方に関する研究会」がまとめた報告書を公表した。

報告書は、「企業環境や労働市場の変化のなか働き方への希望が個別・多様化を強めている」として、労働基準法を「多様性重視の視点に立って、時代に合わせた見直しが必要」とした。一律規制によって労働者間の競争を排除し、長時間労働などに歯止めをかけてきた労働者保護法制としての労働基準法の概念そのものを改悪する方向性が示されたもので、撤回を求めて労働組合の総力を上げてたたかう必要がある。

④ 新自由主義経済の転換、公共を取り戻そう

（1）公務・公共体制の充実、「我が街の公共」を共同で取り戻す

新自由主義経済が推し進められる下で、公務・公共サービスの民営化、縮小が際限なく強められている。病院や学校、保健所、鉄道などの統廃合や独法・民営化、公共部門の業務委託や派遣の導入、そして正規職員から低賃金・不安定雇用で働く非正規職員への置き換えなど、あらゆる分野で公的役割が削り取られている。一方で、これに抗い公共を取り戻そうとする地域運動の前進がある。学校給食無償化、水道民営化の阻止や自治体業務の委託中止をはじめ、「公共の再生」を求めるたたかいが各地で広がりつつある。「子どもたちにもう一人の保育士を」などの運動は、公共をとり戻すための貴重な経験だ。

「我が街の公共」を生活圏の地域住民との共同で取り戻すたたかいをたたかう労働組合が地域のなかで軸となり、職場の仲間とともに実現させるたたかいを広げる。

（2）社会保障の充実、年金の引き上げを

政府は、社会保障経費の自然増分を抑制する姿勢を変えていない。一方で、防衛費予算は、5.6兆円へと天井なき軍拡がすすめられようとしている。75歳以上の高齢者医療費2割化が強行され、介護保険料の原則2割化など、社会保障の総改悪がすすめられようとしている。年金引き上げを掲げ、引き下げをすすめる政府の策動を阻止するたたかいに全力をあげる。「マクロ経済スライドを

廃止し、減らない年金制度の確立」「最低保障年金制度創設」（当面、基礎年金の国庫負担分3万3000円をすべての高齢者に支給すること、年金の毎月支給）を求めていく。高齢労働者が急増するもとで、その労働環境や低賃金の実態が明らかになっている。高齢労働者は2022年で前年より3万人増えて、912万人（65歳以上の就業率は25％）に上る。非正規春闘と合わせて社会問題化し待遇改善へたたかう必要がある。

（3）公共交通、食と農業など地場産業をまもる取り組み

地域の過疎化によるローカル線の相次ぐ廃止や運転手不足による路線バスの廃止・縮小に反対し、地域の公共交通をまもるたたかいを展開する。また、タクシーの「ライドシェア」導入を阻止する広範な地域共同のたたかいを緊急に組織する。ライドシェアの解禁は、利用者の安全とタクシー労働者の賃金低下、タクシー産業の崩壊を招くこととなる。諸外国では、性犯罪や暴行、交通事故の多発が報告されている。政府主導で公共交通を破壊するライドシェア導入を阻止するためにたたかう。

日本のカロリー自給率は38％と先進国のなかでも最低となっている。政府が検討している現在の食糧・農業・農村基本法に代わる「新基本法」では、食料自給率を単なる一指標とし、食料自給率向上に対する国の責任を放棄しようとしている。食料自給率の向上を政府の法的義務とするよう運動を広げる。

⑤ 「戦争を止め」、軍拡・増税、改憲阻止のたたかいを

2022年2月24日、ロシアのプーチン大統領は「特別軍事作戦」を行うと宣言。ウクライナへの軍事侵攻を始め、今も戦闘が続いている。そして、10月7日、パレスチナ自治区のガザを実効支配するイスラム原理主義組織ハマスによるイスラエルへの大規模攻撃が行われ、イスラエルによる報復攻撃が続けられている。ハマスなどの組織によるイスラエルとその国民に対する進行中のテロ攻撃

を強く非難するとともに、イスラエルによる反撃にも反対・即時停戦を求めていく。

一方、日本国内では軍拡・改憲に向けた動きが活発化している。岸田政権がすすめる軍拡・増税策動は、すでにアメリカとともに「戦争する国」として実行段階にある。防衛省は2024年度予算概算要求で、過去最大となる7.7兆円を計上する方針を固めた。過去最大の23年度予算をさらに約1兆円増額するもので、賃上げやケア労働者の処遇改善より軍拡を優先するものだ。「軍事や防衛は国の専権事項」だとして沖縄の軍事化、石垣島では民間港に地対空誘導弾パトリオット３を配置、港湾労組の仲間らは仕事ができない状況にまで追い込まれている。５月のＧ７広島サミットでは、核廃絶を求める被爆地から核抑止論を肯定するメッセージを世界に発信するという最悪の行動に出ている。

また、10月15日には木原防衛大臣がオースティン米国防長官と会談し、相手のミサイル発射基地などを攻撃できる「敵基地攻撃能力」の効果的な運用に向けて議論を加速させていくことを確認し、巡航ミサイル「トマホーク」を、１年前倒しして2025年度から取得することで一致している。さらに、「新たな３文書のもとでの、日米同盟の役割、任務の分担について議論し、同盟の強化に向け緊密に連携していきたい」と述べるなど、日米の軍事一体化が加速している。

岸田首相は、2024年９月の自民党総裁任期切れまでには、総選挙を行うと言明しており、労働者・国民のための政治への転換が求められている。

6 ジェンダー平等推進をはかる

（1）日本のジェンダーギャップ指数は146か国中125位に低下

世界経済フォーラムが毎年発表する「世界男女格差報告書」2023年版で、日本のジェンダーギャップ指数は146か国中125位で、前年から９ランクダウンし、順位は2006年の公表以来最低になっている。先の通常国会での「LGBTQ理解促進法」や入管法改悪にもみられるように、岸田自公政権

のもとで人権問題への取り組みはますます後退している。2022年から従業員301人以上の企業は男女の賃金格差について公表が義務づけられた。2022年の厚労省の賃金構造基本統計調査では、男性の賃金水準を100とした場合に女性は75.7％にとどまっている。

（2）すべての労働者の生活と仕事の両立を

企業も、政府も、女性を中心に低賃金・不安定雇用な非正規雇用で活用し、労働者全体の賃金水準を抑制してきた。ケア労働者の賃金は低く抑えられている。コロナ禍に続き、物価高騰のもとで「生活できない」、「生きられない」といった悲痛な声が広がっている。低賃金は低年金につながって高齢者の生活苦をもたらしている。

岸田首相は、９月25日の総合経済対策についての記者会見で「年収の壁」支援パッケージを最低賃金の改定にあわせて打ち出した。しかし、人手不足対策のための企業支援策にしかすぎない。労働者の分断を強め、職場にさらなる混乱を生じさせることが懸念される。

女性労働者の社会的自立の推進をはじめ、性に関わらずすべての労働者の生活と仕事の両立と自立が可能となる社会にするための制度にする総合的な転換ビジョンが必要である。均等待遇の実現、労働時間の短縮、正規化の促進、保育や教育の充実などは、欠かすことのできない政策課題である。「年収の壁問題」では、課税最低限度額の引き上げ、最低保障年金制度の創設などで労働者の生活を底支えする施策を求めていく必要がある。

7 気候危機の打開、原発ゼロ、エネルギー転換を

（1）気候危機の打開、世界と地域をまもるとりくみ

地球温暖化が異常気象を多発させる事態が続いている。気温上昇が海面上昇など環境や生態系へ影響し、農業や漁業、地域の持続性を危うくしている。これに対し、2021年10月に開催されたCOP26（国連気候変動枠組条約締約国会議）で、2050年までに産業革命前と比べて地球の気温上昇

を２℃未満に抑えるため、2030年までに1.5℃未満に抑制することが確認され、そのために温室効果ガスの削減目標の引き上げが日本にも要請されている。日本のCO_2排出量は世界の３％、世界第６位、人口ひとりあたりの排出量９トンは先進国平均とほぼ同じ、世界平均の約２倍、後進国の３倍になっており、その責任は大きいものがある。

　気候危機宣言やカーボンニュートラルの実現をめざす自治体が広がっている。（22年３月時点679）。気候危機打開に立ち上がる市民団体や研究者などとネットワークをつくり、運動を広げる動きが強められている。気候危機の打開は世界と地域を守る緊急の課題として具体的な対策と運動が必要になっている。

（２）原発ゼロ、再生可能エネルギーへの転換を求めるとりくみ

　岸田政権と東電は８月24日、漁業関係者などとの約束も反故にし、事故処理の汚染・処理水の海洋放出を強行した。この汚染・処理水は、事故によってメルトダウンしたデブリが格納容器を溶かしてその下に落ち、デブリが地下水に接したことによってできた汚染・処理水であり、過去に例がないものだ。他国の通常運転中の原発排水と単純に比較できない。安全よりも経費節減が優先されたものだ。岸田政権は、先の国会で原発の60年超の運転を可能にするＧＸ脱炭素電源法を強行するなど、原発の再稼動、新増設、老朽原発の永続化をはかり、原発を基幹エネルギーとして使い続ける計画だ。原発ゼロ、再生可能エネルギーへの抜本転換を求める国民的な共同を広げる必要がある。

⑧　ストライキで労働者主導による賃上げ実現へ

（１）たたかう労働組合のバージョンアップ、最低賃金全国一律、「非正規春闘」

　24国民春闘は、「たたかう労働組合のバージョンアップ」をはかり、三つの柱の要求の実現に向け全力をあげる。①大幅賃上げと労働時間短縮・労働法制改悪阻止、②公共をとり戻すたたかい、③軍拡増税阻止、改憲を許さない要求の実現に向けて引き続く具体化をはかろうではないか。

　すべてのたたかいに「ジェンダー平等」と「非正規春闘」を前進させる構えで24国民春闘をたたかう。最低賃金「いますぐ全国一律1500円以上、めざせ1700円以上」の実現、産業・企業内最低賃金の大幅引き上げ、公務職場で働く会計年度任用職員の雇用を守るたたかいでは勤勉手当の支給や賃上げの４月遡及などを確実に実行させる要求などの実現に向けて、「非正規春闘」として位置づけて取り組みを強める。引き続き、社会的賃金闘争を強め公務労働者などの賃上げですべての労働者の賃上げ・底上げにつなぐことが重要となる。23国民春闘でストライキなどで示した労働者が労働組合で声を上げることで賃上げを勝ち取る「労働組合主導型の賃上げ」の流れを本流にする24国民春闘にしようではないか。

（２）仲間を増やして春闘に勝利しよう

　春闘勝利の鍵は、いかに強い労働組合、大きな組織をつくることが出来るかどうかにかかっている。要求で当事者を組織化するスタイルを確立することが必要だ。「仲間を増やして春闘に勝利する」ことの実践を具体化したい。かかげた春闘要求の実現をめざすたたかいのなかで、要求にかかわる当事者への働きかけを通じて、「労働組合に入って、いっしょに要求実現をはかろう」との対話を広げるスタイルを確立することだ。幹部請負型の活動から、当事者とともに要求実現をはかり成功体験をともにし、組合員の成長とともに仲間づくりをすすめられるようにしようではないか。

1-1

世界のなかで経済成長できない日本

　日本は世界のなかで経済成長できない国となっている。世界銀行によれば2000年から2022年のGDPの伸び率をみると、アメリカ、ドイツ、フランスなどが200％を超えているのに日本は横ばいとなっている［1］。各国の本当の経済規模がわかるように物価の格差を修正する購買力平価で比較すると、日本のGDPは中国、アメリカ、インドに続いて世界4位だ［2］。2016年に中国がアメリカを抜き、インドが2009年に日本を上回った。なお、日本の貿易相手国の構造も変わっている。2021年の日本の輸出入総額168兆円のうち中国はその25.2％を占め、アメリカは14.1％と低下している。輸出入の過半はアジアの主要国に依存することとなっている［3］。

　日本が世界経済のなかでの地位を後退させているのは、GDPの5割以上を占める個人消費が伸びていないことが最大の原因である。先進国では日本だけが賃金が上がらない異常な国となってい

る。製造業の比較では、諸外国が2000年と比較し、少なくとも約50％は賃金が上がっているのに日本は10％も上がっていない［4］。また格差も拡大し、相対的貧困率が高い国となっている。こういう状況では個人消費が伸びようがない［5］。

　日本の大企業は2000年代に入って、株主重視の経営への傾斜を強め、もうけを賃金に回そうとしない。経常利益が落ち込んでも配当金は確実に増え 2022年度には24兆円に達した［7］。1999年以降の大企業の経営指標をみると、2022年度は経常利益も、付加価値のうち企業の懐に入る営業純益や、株主への配当金も上昇した（とくに配当金は1999年度100として782.8）［6］。

　すべてを市場原理にゆだねるという新自由主義と決別し、勤労国民の命と暮らしを守る社会にしなければならない。賃上げの実現で個人消費の拡大と設備投資をはかり、日本経済の再生を実現することが2024春闘の重要課題となっている。

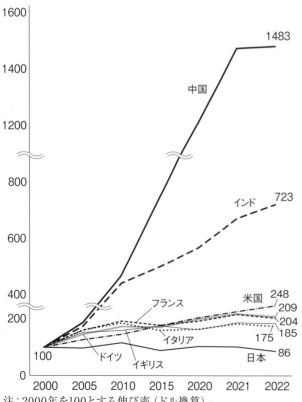

［1］各国の名目国内総生産（GDP）の推移

注：2000年を100とする伸び率（ドル換算）。
資料：世界銀行

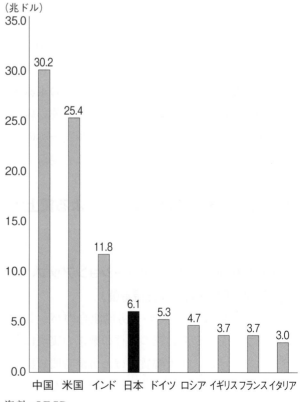

［2］2022年の国内総生産GDP（購買力平価）

資料：OECD

［３］　日本の貿易相手国・地域の割合（2021年）

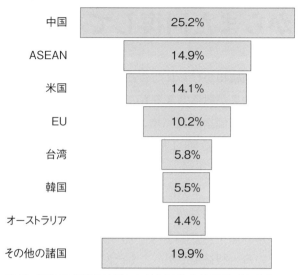

中国	25.2%
ASEAN	14.9%
米国	14.1%
EU	10.2%
台湾	5.8%
韓国	5.5%
オーストラリア	4.4%
その他の諸国	19.9%

資料：財務省「貿易統計」から山田博文氏が作成したもの

［４］　日本の賃金だけが低迷
（数字は2021年の指数）　　（2000年度＝100）

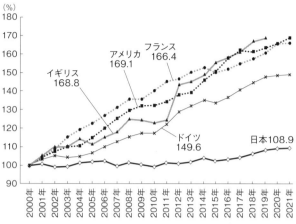

アメリカ 169.1
フランス 166.4
イギリス 168.8
ドイツ 149.6
日本108.9

注：賃金は製造業の時間当たり賃金（イギリスは2019年まで）
資料：労働政策研究・研修機構『データブック国際比較2023
（第5-1表）』より作成

［５］　相対的貧困率の国際比較
（単位＝%）

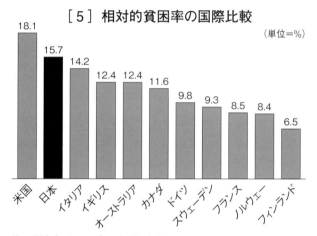

米国	日本	イタリア	イギリス	オーストラリア	カナダ	ドイツ	スウェーデン	フランス	ノルウェー	フィンランド
18.1	15.7	14.2	12.4	12.4	11.6	9.8	9.3	8.5	8.4	6.5

注：調査年は2018年。ただしイギリス、カナダ、スウェーデンは2019
年調査。相対的貧困率とは、等価可処分所得（世帯の可処分所
得を世帯人員の平方根で割って調整した所得）の中央値の一定
割合（本表では50％）に満たない世帯員の割合である。
資料：労働政策研究・研修機構「データブック国際労働比較2023」
より作成

［６］　大企業の利益、株主配当、賃金の推移
儲けは賃金に回らず株主と企業の懐に
（1999年＝100）

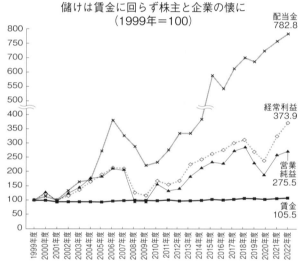

配当金 782.8
経常利益 373.9
営業純益 275.5
賃金 105.5

注：資本金10億円以上の大企業（金融・保険のぞく）
資料：財務省「法人企業統計」

［７］　大企業の経常利益は急増、配当は増加、従業員給与は横ばい
（資本金10億円以上の金融保険をのぞく全企業）

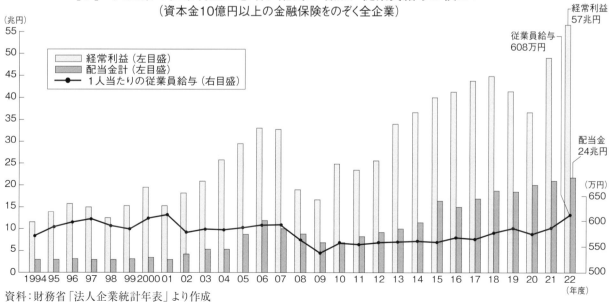

経常利益 57兆円
従業員給与 608万円
配当金 24兆円

凡例：
- 経常利益（左目盛）
- 配当金計（左目盛）
- 1人当たりの従業員給与（右目盛）

資料：財務省「法人企業統計年表」より作成

主要経済指標　コロナ禍からまだ回復してない

2023年8月の月例経済報告は、「景気は緩やかに回復している」との基調判断を公表した。「雇用・所得環境が改善する下で、各種政策の効果もあって緩やかな回復が続くことが期待される」としつつ、「物価上昇、金融資本市場の変動等の影響に十分注意する必要がある」と警戒・不安を隠し切れない。

2022年の日本経済を分析する観点は、新型コロナウィルス感染症の影響からの回復を見せている状況が、以前の水準に戻っているのかを実感できることが大切な状況下にある［2］。

2022年とコロナによる打撃を受けた2020年の前年である2019年を比較すると、国内総生産（実質）－1.1％、鉱工業生産指数－4.8％と経済指標の水準は戻っていない。深刻なのは家庭のお財布事情ではないか。相次ぐ食料品の値上げは2023年にも続いており、電気、ガス、ガソリンの高騰も響いている。2023年5月から新型コロナ感染症対策の規制緩和が行われたことから、人流回復による経済効果が期待できるものの、2022年の段階では消費者物価指数3.1％増、消費支出14.5％増に対し、現金給与総額0.1％増であり、物価上昇分をカバーしきれていない。この状態が続くと人流回復があっても、景気停滞ムードに陥ってしまう。

一方、経常利益が37.5％の伸びを示しているのに労働分配率は－6.7％で、内部留保は11.9％も伸びている。利益が上がっても一向に労働者に十分還元されない状況は変わらない［1］。

24年春闘は、①物価上昇分を上回る賃上げ要求、②消費支出拡大による新型コロナからの回復の実感が重要なポイントだ。政府が経済界に賃上げ要請の働きかけを行っているのも、この時期を逸してしまうことの不安があるからに違いない。

「少子化」による働き手不足などは緊急を要する課題だ。これらの不安を解消させるため労働者が団結して、困難を打ち破る必要がある。

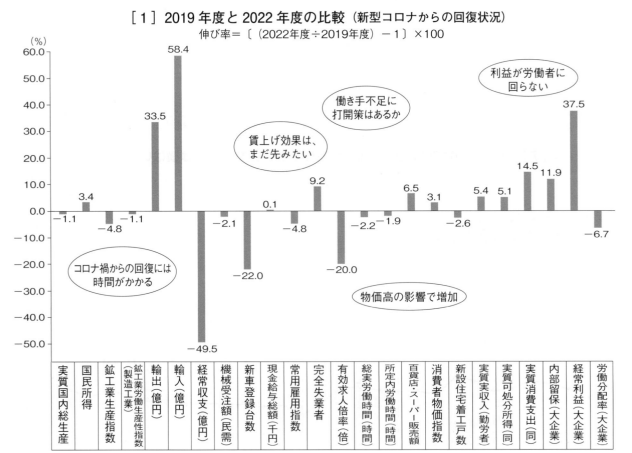

［1］2019年度と2022年度の比較（新型コロナからの回復状況）
伸び率＝〔（2022年度÷2019年度）－1〕×100

資料：［2］より作成

［2］ 主要経済指標の動向

	項目	単位ほか	集計期間	2018年	2019年	2020年	2021年	2022年	2022年 1〜3月	2022年 4〜6月	2022年 7〜9月	2022年 10〜12月	2023年 1〜3月	2023年 4〜6月
	国内総生産（GDP）（実質）	10億円	年度	554,534	550,098	527,686	541,754	549,232	542,115	549,119	547,483	547,761	552,142	558,603
	国民総所得（GNI）（実質）	10億円	年度	551,789	548,265	581,237	534,917	532,596	531,074	533,981	528,242	529,842	537,835	548,779
生産	鉱工業生産	2020年=100	年度	114.2	110.2	99.7	105.2	104.9	105.4	101.5	106.9	107.2	104.0	102.5
	鉱工業出荷	2020年=100	年度	114.4	110.4	99.7	103.8	103.7	104.2	99.5	105.5	106.4	103.5	100.5
	鉱工業在庫率	2020年=100	年度	85.9	91.7	98.1	91.7	98.5	95.5	96.1	97.5	97.3	103.2	106.2
	製造工業稼働率	2020年=100	年度	118.5	112.7	100.9	108.0	107.9	108.3	103.4	109.6	110.9	107.5	107.0
物価	国内企業物価指数	%	年度	101.2	101.3	99.9	107.0	117.2	110.5	113.8	116.1	119.1	119.7	119.5
	消費者物価指数	%	年度	99.6	100.1	99.9	100.0	103.2	100.7	101.7	102.7	103.9	104.4	105.1
	マネーストック（M2）	前年比・%	年	2.9	2.4	6.5	6.4	3.3	3.5	3.3	3.4	3.0	2.6	2.6
労働等	現金給与総額（製造業、実質）	月・千円	年度	392.3	391.0	377.6	384.8	391.2						
	総実労働時間（5人以上）	月・時間		142.2	139.1	135.1	136.1	136.1						
	所定内労働時間（5人以上）	月・時間		131.4	128.5	125.9	126.4	126.0						
	雇用者数（正規・非正規）	万人	年度	5,637	5,680	5,656	5,677	5,692	5,703	5,693	5,713	5,710	5,716	5,756
	有効求人倍率（季節調整済）	倍	年	1.61	1.60	1.19	1.13	1.28	1.21	1.25	1.30	1.35	1.34	1.31
	常用雇用指数（30人以上）	2015年=100		102.7	104.0	104.3	104.0	99.0						
	完全失業者	万人	年度	168	163	200	191	178	185	179	178	174	181	177
	完全失業率（季節調整済）	%	年度	2.4	2.4	2.9	2.8	2.6	2.7	2.6	2.6	2.5	2.6	2.6
貿易等	輸出	億円	年度	802,487	746,694	683,635	856,373	996,750	224,032	240,521	255,453	267,682	233,094	240,949
	輸入	億円	年度	796,829	742,941	645,782	871,805	1,177,026	243,268	277,791	309,997	314,068	275,170	250,661
	経常収支	億円	年度	193,837	186,712	169,459	201,522	94,294	48,640	23,464	24,165	19,198	27,468	52,664
企業設備	企業倒産件数	件	年	8,063	8,354	7,809	6,015	6,376	1,497	1,548	1,575	1,756	1,920	2,086
	機械受注額	億円	年度	124,779	125,248	111,690	119,702	122,617	32,484	30,105	30,708	27,580	34,222	28,373
住宅	新設住宅着工（季節調整済）	万戸	年度	95	88	81	87	86	20	22	22	22	20	21
個人消費	百貨店・スーパー販売（既存店伸び率）	%	年度	99.0	98.1	93.7	101.6	103.9	101.5	104.6	103.5	103.4	104.3	104.1
	コンビニエンスストア販売額	億円	年度	120,505	121,748	115,600	118,043	123,530	28,218	30,093	31,770	31,916	29,751	31,535
	家電大型専門店（前年比）	%	年度	2.1	2.2	8.4	−4.9	−0.2	−0.9	−0.1	−0.3	1.1	−1.5	−5.0
	新車登録台数（季節調整済）	千台	年	4,364	3,285	2,881	2,796	2,563						
	実収入（勤労者）	円	月	558,718	586,149	609,535	605,316	617,654						
	実質可処分所得（同）	円	月	455,125	476,645	498,639	492,681	500,914						
	実質消費支出（同）	円	月	274,133	280,048	265,252	267,484	320,627						
単位など	内部留保	兆円	年度	366	378	382	399	423						
	経常利益	兆円	年度	48.23	41.69	37.07	49.53	57.36						
	労働分配率	%	年度	50.4	53.9	56.6	51.5	50.3						

資料：s-stat（政府統計の総合窓口）、日本銀行「金融経済統計月報」、厚生労働省「労働統計要覧」等による。内部留保は本誌編集部集計（資本金10億円以上の金融保険を除く全大企業計）

大企業の内部留保511兆円。Vマップ運動で社会的還元を

大企業は好不況にかかわらず内部留保を増やし続けてきた。財務省「法人企業統計」によれば、すべての大企業約5800社（資本金10億円以上、金融保険を含む）の2022年度の内部留保は前年度を27兆円も上回り511兆円となった［1］。

内部留保増加の要因は、第一に賃金の抑制である。正規雇用を減らし、安価な労働力として非正規を増やしてきた。第二の要因は、法人税の引き下げと大企業優遇税制である。法人税率は最高43.3％から現在は23.2％に低下。大企業優遇を止め公正な法人課税を行えば12兆円もの財源確保が可能との試算がある［2］。第三の要因は社会保障費における企業負担が他国に比べ低い点や、中小・下請け企業への単価切り下げなどである。

巨額な内部留保の社会的還元と賃金の大幅引き上げが何よりも重要だが、その運動の切り札がビクトリーマップ運動だ。各県・各地域に所在する大企業や地元有力企業の内部留保とその何％で全労働者（当該企業の全国の労働者総数）に月3万円賃上げができるのかを示すもの。「大企業分布地図つきビラ」は地域の地図に各企業の所在地を示し、そこに内部留保と取り崩し率を書き入れて視覚化しており宣伝効果も抜群だ［5］。2023年春闘では5組織・地域で作成された。

なお、内部留保の社会的還元としては内部留保への課税も課題となっている。2022年2月に日本共産党が臨時的に年2％の課税を5年間行うという具体的な提案を行った［3］。

日本経済の再生には労働組合の運動強化が求められる。日本の「争議による年間労働損失日数」は「約9000日」と諸外国に比べ極端に少ない。争議件数、争議参加人数も同様だ［4］。

大企業に社会的責任を果たさせる観点から、賃上げや課税で巨額な内部留保を還元させ、国民的運動の発展を図りつつ、内需拡大・生活充実の経済へ転換する第一歩とすることが求められる。

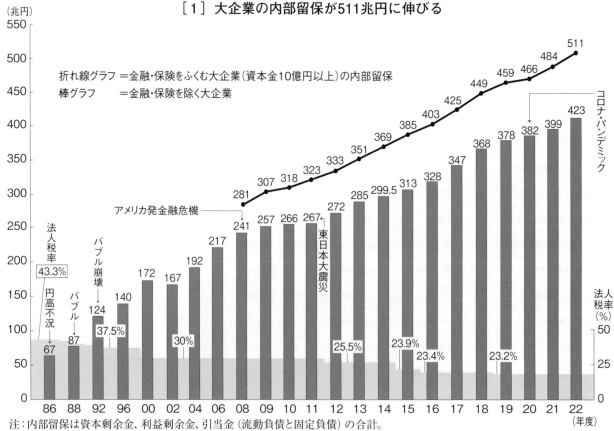

［1］大企業の内部留保が511兆円に伸びる

折れ線グラフ ＝金融・保険をふくむ大企業（資本金10億円以上）の内部留保
棒グラフ ＝金融・保険を除く大企業

注：内部留保は資本剰余金、利益剰余金、引当金（流動負債と固定負債）の合計。
資料：財務省「法人企業統計年報」、単体決算。資本金10億円以上の金融・保険を除く全企業約5000社と、金融・保険を含む約5800社。

［2］ 不公平な法人税是正により 12兆円の財源確保

	項　　目	財源(億円)
1	法人税率の引き上げ23.2%から30% (注:資本金1億円超の大法人)	20,472
2	法人税率の引き上げ23.2%から30% (注:連結法人)	8,645
3	受取配当益金不算入	44,753
4	外国子会社からの受取配当益金不算入	21,849
5	繰越欠損金(資本金1億円超の大法人)	4,934
6	連結法人の繰越欠損金	3,861
7	引当金・準備金	
	①海外投資損失準備金	217
	②探鉱・海外探鉱準備金	368
	③原子力発電施設解体準備金	234
	④保険会社等の異常危険準備金	506
	⑤原子力保険又は地震保険に係る異常 危険準備金等の異常危険準備金	615
8	特別償却・割増償却(中小企業向けを除く)	141
9	減価償却過大償却分	15,637
10	税額控除	
	①研究開発促進税制	4,844
	②その他税額控除(中小企業向けを除く)	3
	合　　　計	127,085

注：法人税基本税率（30%）で算定。1999〜2012年の税率
資料：国公労連「税制改革提言2023年度版」

［4］ 争議による年間労働損失日

（2010〜2021年の平均）　　単位:1000日

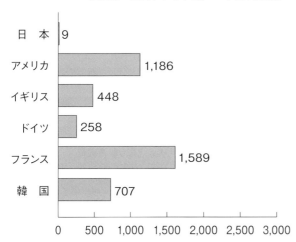

注：イギリスは2010〜2019年の平均、ドイツは2010〜2020年の
　　平均、フランスは2010〜2018年の平均。
資料：労働政策研究・研修機構『データブック国際労働比較2023』
　　　（第7－3表）にもとづき算出

［3］ 内部留保課税を日本共産党が政策発表

　2022年2月、日本共産党が内部留保への課税の提案を行い、同年7月の参院選でも政策に大きく掲げた。大企業の内部留保はアベノミクスにより2012年以降20年にかけ130兆円増え、総計466兆円になっている。一方、働く人の実質賃金は22万円（年収）も減っている。この日本経済のゆがみをただすため、2012年以降に増えた内部留保額に毎年2%、5年間で10%の時限的課税を提案した。これは、①大企業減税の不公平を正す、②課税対象額から賃上げ額、国内設備投資額を控除することで経済発展に寄与、③新たな税収（10兆円）を中小・中堅企業の賃上げ支援に使い、最低賃金を時給1500円に引き上げる、という意義がある。

　なお、内部留保課税は「二重課税」になるという議論があるが、非課税・低税率の海外利益や行き過ぎた大企業減税の一部を返納させる内部留保課税は「二重課税」ではない。所得税、住民税を支払った上に取られる消費税が「二重課税」であるとしている。

［5］ 新潟市版 V マップ

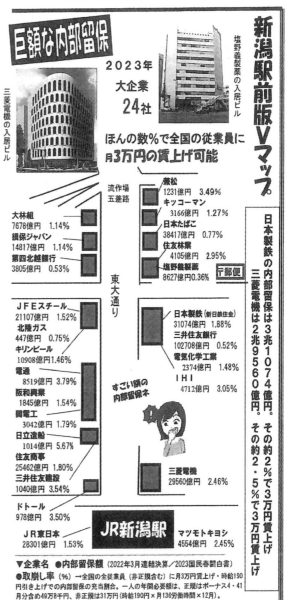

資料：新潟地区労連作成

格差と貧困の拡大にストップを

　安倍〜菅〜岸田と続く自公政権の11年間。いま、消費税10％に加えてエネルギー、諸物価の高騰、9波にわたる新型コロナが国民生活を襲っている。一方、円安・株高で大企業と富裕層は大儲け。労働者・国民との格差が拡がっている。

　貧困問題では、年収200万円未満のワーキングプアが非正規を中心に1126万人（21.4％）で16年連続して1000万人超えの高水準。同時に、400万円以上「中間層」の没落が目立つ［1］。

　最近は、子どもが家事や介護を支えるヤングケアラーが社会問題に。就学援助利用（129万人、14.5％）や子どもの貧困率（11.5％＝いずれも2021年）など子どもにしわ寄せが…。生活保護受給者は2023年6月時点で202万人、165万世帯と横ばい。貧困世帯の大学進学希望は全国平均の2分の1、貧困の連鎖が懸念される。貯蓄なし世帯は単身で35％、2人以上世帯で23％もいる［2］。

　一方の富裕層はどうか。100万ドル（約1.32億円）以上の金融資産保有者は大幅な円安で39.5万人減の326.5万人。それでも米中に次ぐ世界第3位。富裕層と超富裕層の世帯は増えている［3］。

　億万長者の国内第1位はユニクロの柳井社長で、金融資産は4兆9210億円。国民1人当たり預貯金額の約29万人分に相当する［4］。

　彼らの富の源泉は、自社株の上昇と配当金である。大株主はこの間の株高によって数千億円単位で資産を倍増させた。加えて毎年数十億円単位の配当金があり、税率は僅か20％だ［5］。

　大企業社長ら1億円以上の役員報酬も23年3月期では316社717人に急増した。実質的な最高額は第2位・ソニーG会長の吉田憲一郎氏で、20億8300万円は同社正規従業員の平均年収の189倍、時間給にして約99万円になる［6］［7］。

　深刻な格差と貧困問題をどう解消するのか。大幅賃上げ・最賃引上げと内部留保・富裕層への課税強化、消費税5％への引下げ等が期待される。

［1］増大する貧困層と中間層の没落
給与階級別分布・構成比の増減

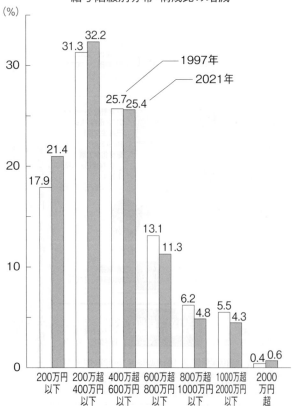

資料：国税庁「民間給与実態統計調査」各年版

［2］子どもの生活状況と貧困連鎖

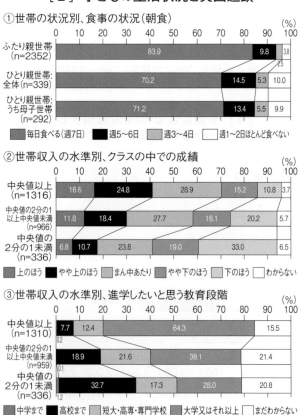

資料：内閣府政策統括官（政策調整担当）「令和3年　子供の生活状況調査の分析　報告書」（2021年12月）

［3］増える富裕層の金融資産と世帯数

マーケットの分類
（世帯の純金融資産保有額）　　　　　2021年

分類	金額・世帯数
超富裕層 （5億円以上）	105兆円 （9.0万世帯）
富裕層 （1億円以上5億円未満）	259兆円 （139.5万世帯）
準富裕層 （5,000万円以上1億円未満）	258兆円 （325.4万世帯）
アッパーマス層 （3,000万円以上5,000万円未満）	322兆円 （726.3万世帯）
マス層 （3,000万円未満）	678兆円 （4213.2万世帯）

資料：国税庁「国税庁統計年報書」、総務省「全国家計構造調査」、厚生労働省「人口動態調査」、国立社会保障・人口問題研究所「日本の世帯数の将来推計」、東証「TOPIX」および「NRI生活者1万人アンケート調査」、「NRI富裕層アンケート調査」などより野村総合研究所推計

［4］億万長者ランキング。ユニクロ柳井社長29万人分

順位	氏名	企業名	資産額 （億円）	平均額換算 （人分）
1	柳井正	ファーストリテイリング	4兆9210	28万9600
2	滝崎武光	キーエンス	3兆1410	18万4800
3	孫正義	ソフトバンクG	2兆9050	17万0900
4	佐治信忠	サントリーHD	1兆4320	8万4300
5	高原豪久	ユニ・チャーム	1兆0430	5万1400
6	伊藤（兄弟）	セブン&アイHD	6530	6万1400
7	毒島秀行	SANKYO（パチンコ）	5700	3万3700
8	似鳥昭雄	ニトリ	5560	3万3500
9	野田順弘	オービック	5420	3万1900
10	三木正浩	ABCマート	5350	3万1500

注：①「企業名」末尾の「G」はグループ、「HD」はホールディングスの略。
②「平均額換算（人分）」は、個人金融資産総額（2115兆円＝2023年9月）の1人当たり平均1699.5万円で除したもの。
資料：フォーブスジャパン「日本の富豪・トップ50人」2023年版より

［5］アベノミクス＋コロナ禍で膨れあがった主な大株主の金融資産

株主氏名	株式銘柄	保有株数 （万株）	①株価上昇による金融資産の増加					②配当金受取額	
			12年12月 株価（円）	23年7月 株価（円）	12年12月 総額（億円）	23年7月 総額（億円）	資産増加額 （億円）	配当金額 （1株:円）	受取額 （億円）
柳井 正	ファーストリテイリング	2,203	18,680	37,080	4,294	8,169	＋ 3,875	620	136.6
滝崎武光	キーエンス	765	22,930	69,640	1,075	5,327	＋ 4,252	300	23.0
孫 正義	ソフトバンクG	42,666	2,905	7,297	6,716	31,133	＋24,416	44	187.7
伊藤雅俊	セブン&アイHD	1,965	2,371	6,267	398	1,231	＋ 833	113	22.2
似鳥昭雄	ニトリHD	341	6,570	17,725	224	604	＋ 380	146	5.0
野田順弘	オービック	288	1,871	23,495	54	677	＋ 623	250	7.2
三木正浩	エービーシー・マート	1,398	3,500	8,255	748	1,154	＋ 406	170	23.8
永守重信	日本電産	4,947	4,550	8,706	1,125	4,309	＋ 3,184	70	34.6
重田康光	光通信	119	3,280	21,200	39	252	＋ 213	545	6.5
三木谷浩史	楽天G	17,634	668	566.6	1,176	999	－ 177	4.5	7.9

注：①主な株主は、フォーブスジャパン「日本の富豪・トップ50人」より、上場企業で株価が比較できる者。
②株価は、第2次安倍政権発足時の2012年12月と2023年7月のそれぞれ高値。保有株数の増減あり。
資料：各社「有価証券報告書」及び東洋経済新報社「会社四季報」2023年秋号より、労働総研作成

［6］役員報酬1億円以上
－開示企業数と人数－

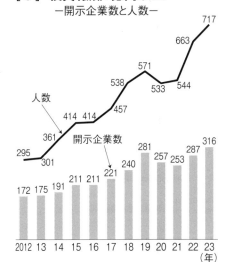

人数：295, 361, 414, 414, 457, 538, 571, 533, 544, 663, 717

開示企業数：172, 175, 191, 211, 211, 221, 240, 281, 257, 253, 287, 316

（301）

2012 13 14 15 16 17 18 19 20 21 22 23（年）

資料：東京商工リサーチ「2023年3月期決算上場企業『役員報酬1億円以上開示企業』調査」

［7］役員報酬ランキング。時給99万円、社員との年収比189倍

順位	役員名	企業名	役員報酬 億円	時給換算 万円	従業員平均年収 万円	従業員年収比 倍	非正規雇用率 %
1	慎ジュンホ	Zホールディングス	48.67	232	913	533	31.0
2	吉田憲一郎	ソニーG	20.83	99	1,102	189	10%未満
3	C.ウェバー	武田薬品工業	17.23	82	1,097	157	10%未満
4	J.マロッタ	PHCホールディングス	16.54	79	981	169	21.0
5	河合利樹	東京エレクトロン	14.20	68	1,399	102	10%未満
6	J.クッフナー	トヨタ自動車	13.30	63	857	155	20.2
7	出澤 剛	Zホールディングス	12.37	59	913	135	31.0
8	豊田章男	トヨタ自動車	9.99	48	857	117	20.2
9	A.プランプ	武田薬品工業	9.73	46	1,097	89	10%未満
10	舛田 淳	Zホールディングス	9.54	45	913	104	31.0

注：①1位の慎ジュンホ氏は大半がストックオプションであり、実質的な1位は吉田憲一郎氏である。②時給換算は、総務省「労働力調査」2022年報より管理的職業従事者の年間労働時間2096時間で除す。従業員平均年収、非正規雇用率は、各社2023年3月期決算の有価証券報告書による。
資料：東京商工リサーチ「2023年3月期決算・役員報酬1億円以上開示企業調査」より、労働総研作成

中小企業の現状と支援策の拡充

新型コロナ危機のあとに、原材料と人件費の高騰、社会保険料の高負担が中小企業を襲っている。無担保・無利子のゼロゼロ融資（借金）の返済期がはじまって、休廃業・解散が４万9625件に達し「大廃業時代」が再燃している。電力料金の急上昇など経営への悪影響が広がり、今後の「懸念」を合わせると91％に達する［1］［2］。

大企業による下請・関連企業の切り捨てやコスト削減の押し付けも後を絶たない。公取委による下請法に基づく勧告・指導件数は全体で１万4629件。実体規定違反では、下請代金の支払遅延に続き、減額と買いたたきが増加している［3］。

主要国がコロナ危機から生産拡大に転じて、原油や木材、半導体などが値上がりし、ロシアのウクライナ侵略によって食料価格も高騰。人手不足から人件費が急上昇している。これら価格上昇分を販売価格に転嫁できているのは、原材料分が80％に達したのに対し、人件費と利益確保分では各々24％にすぎない［4］。

こうした状況のもと、規模別の賃金格差が固定化している。500人以上の大企業100に対して5〜29人では52の水準。賃金を引き上げた企業は2023年は62％に増加。その理由は人材確保と物価上昇が多く、最賃引き上げが続く［5］。

最賃近傍の女性と若年、非正規労働者の賃上げに資するよう、政府は業務改善助成金の予算と件数を増やしているが、「生産性向上」のハードルが高く、使い勝手の悪さが指摘されている［6］。

2024年度の中小企業向け概算要求は、経産省、財務省、厚労省合わせて2120億円と僅か。内容も、物価高、人手不足対策などを掲げているが、生産性向上、新規成長分野への支援に特化している。最賃引き上げなどの関連予算はなお少ない。公正取引と価格転嫁ルールの確立や、中小企業経営を直接支援する社会保険料軽減、消費税５％など抜本的な対策が求められる［7］［8］。

［1］ 「大廃業時代」が再燃
―休廃業・解散と倒産件数―

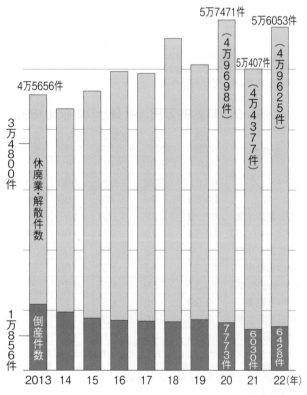

資料：東京商工リサーチ「2022年休廃業・解散企業動向調査」「全国企業倒産状況調査（2022年）」

［2］ 電力料金の上昇が経営を圧迫
①電力料金上昇の足元の経営への影響（全産業）

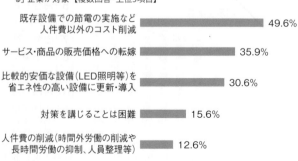

②今後も高い料金が続いた場合の対応

※2023年8月調査で、「悪影響がある」、「高い状態が続けば悪影響が懸念される」企業が対象【複数回答・上位5項目】

既存設備での節電の実施など人件費以外のコスト削減 49.6%

サービス・商品の販売価格への転嫁 35.9%

比較的安価な設備（LED照明等）を省エネ性の高い設備に更新・導入 30.6%

対策を講じることは困難 15.6%

人件費の削減（時間外労働の削減や長時間労働の抑制、人員整理等） 12.6%

資料：日本商工会議所「LOBO調査」（2023年8月調査）

［3］減額と買いたたきが増加

—下請法違反行為の類型別件数—

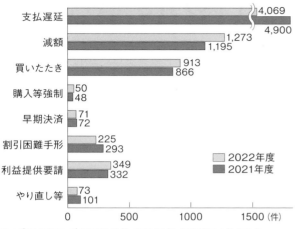

項目	2022年度	2021年度
支払遅延	4,069	4,900
減額	1,273	1,195
買いたたき	913	866
購入等強制	50	48
早期決済	71	72
割引困難手形	225	293
利益提供要請	349	332
やり直し等	73	101

注：①この他に、受領拒否49件、返品22件、報復措置4件がある。
②手続き規定違反では、書類交付義務違反6,697件、書類保存義務違反834件がある。
資料：公正取引委員会「令和4年度における下請法の運用状況」

［4］原材料と賃上げ、利益の価格転嫁状況

（回答事業所数＝全国12,036社。複数回答）

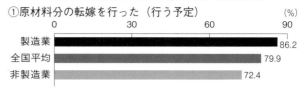

①原材料分の転嫁を行った（行う予定）

	(%)
製造業	86.2
全国平均	79.9
非製造業	72.4

②人件費引上げ分の転嫁を行った（行う予定）

製造業	20.7
全国平均	23.7
非製造業	27.2

③利益確保分の転嫁を行った（行う予定）

製造業	22.4
全国平均	24.3
非製造業	26.5

資料：全国中小企業団体中央会「中小企業労働事情実態調査」（2022年7月）より

［5］小企業の賃金は大企業の約半分

規模別常用労働者・月間現金給与総額

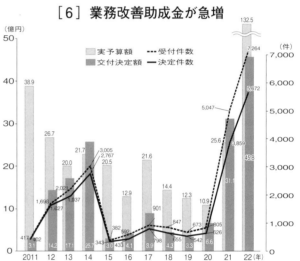

注：①1人平均月間給与総額は、時間外手当を含み、一時金などの特別に支払われた賃金（年収）を12で除した金額。
②2011年以前は「時系列比較のための推計値」である。
資料：厚生労働省「毎月勤労統計調査」2022年版

［6］業務改善助成金が急増

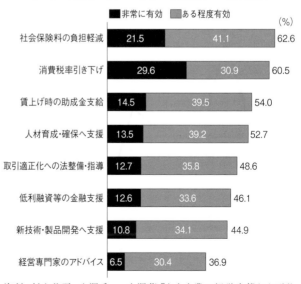

注：①実予算額＝当初予算額＋補正予算額＋前年度繰越額−次期繰越額。
②15年度より「生産性向上」の支給条件が厳しくなり決定件数が減少。
③21年度より一部条件緩和され、繰越・補正含め金額・件数とも増加。
資料：厚生労働省の各年行政事業レビューシートより抜粋

［7］2024年度中小企業関係の概算要求

(1)経済産業省関係 （億円）

主な重点課題 うち中心的な事業	予算と概算要求	
	24要求	23当初
①物価高、人手不足等の厳しい経営環境への対応	2,981	23補正
資金繰り支援（上段）、中小企業取引対策事業	36	24
価格交渉促進月間（9月.3月）や指導・助言など	事項要求	同左
新分野、業態.事業再構築（持続的賃上げの取組）	6,800	23補正
②環境変化に挑戦する中小企業支援／中小企業生		23補正
産性革命推進事業（GX/DX,IT導入補助金等）	2,000	133
成長型の基盤技術、研究開発（Go-Tech事業）	134	
③事業継承を通じた変革推進／後継者支援事業	5.5	2.1
中小企業活性化・事業継承（M&A等）支援事業	223	157
④社会課題解決へ地域の取組支援／エコシステム	6.7	新規
都道府県によるワンストップ総合支援事業	52	37
交付金より中心市街地・商店街の診断・サポート	中小機構交付金	

(2)厚生労働省の最低賃金引上げ関係

①業務改善助成金	13.0	12.1
中小企業の生産性向上と最賃引上げを支援	繰越 97.6	
②キャリアアップ助成金（賃金改定コース）	19.5	18.8
非正規労働者の賃上げを支援（大企業含む）		

注：①予備費・補正とも前年度から継続している。
②概算要求については3月の本予算で削減される。
資料：2023年8月、経済産業省「令和6年度中小企業・小規模事業者関係の概算要求等のポイント」より

［8］物価上昇に対する支援策の有効性

	非常に有効	ある程度有効	(%) 計
社会保険料の負担軽減	21.5	41.1	62.6
消費税率引き下げ	29.6	30.9	60.5
賃上げ時の助成金支給	14.5	39.5	54.0
人材育成・確保へ支援	13.5	39.2	52.7
取引適正化への法整備・指導	12.7	35.8	48.6
低利融資等の金融支援	12.6	33.6	46.1
新技術・製品開発へ支援	10.8	34.1	44.9
経営専門家のアドバイス	6.5	30.4	36.9

資料：村上英吾・中澤秀一・小澤薫「中小企業の経営実態および必要な支援策に関する調査」（「労働総研ニュース」2023年6月）

賃金水準は低いまま、実質賃金の引き上げを

　23春闘結果は、経団連集計では大企業の賃上げは3.99％、厚労省集計でも主要企業3.60％で、30年ぶりの高水準になったといわれるが、物価上昇が賃上げ率を上回り、7月の賃金統計では実質賃金は15か月連続で対前年同月比マイナスが続いている［1］。総務省の家計調査（勤労者世帯2人以上）でも、前年同月比で世帯主収入は実質6.0％減で、配偶者の収入も実質6.6％減。その結果、消費支出も実質7.2％減（5か月連続減）となっている［3］。男性賃金を見ても2001年の水準を回復したに過ぎない［2］。しかも大企業はこの状況のなかでも、内部留保の増大で利益と蓄積を拡大しているのだから（14ページ参照）、生活を守る賃金闘争の一層の強化が求められている。

　財界と政府による低賃金で使い捨ての非正規雇用の大量導入や人事賃金制度改定でとくに中高年層がねらわれ、賃金は大幅に切り下げられてきた。厚労省の賃金構造基本統計調査を見ても、男性40～44歳の大企業の平均賃金は、2011年～22年の11年間に2万4300円も切り下げられた。中小企業でその間の引き下げ幅を大企業より縮小しているのは、生活要求を掲げ地域と産別から賃金闘争を広げてきたことの反映ともみられよう［4］。

　この間の非正規雇用の拡大で、年収200万円以下の低賃金層が広がった。国税庁の民間賃金給与実態調査を見ても、非正規雇用の集中する女性労働者では40％近くに上り、男性でも約1割を占めている［5］。規模別では小規模ほど高いが、注目すべきは5000人以上の大企業で、200万円以下の占める割合が女性労働者で44.9％と高いことである［6］。大企業の高利益が女性非正規労働者の低賃金によってもたらされていることである。

　一方で、「人材確保」策で初任給を引き上げる企業が増えているが、中高年層の賃金抑制とセットにされることが多いことに注意を要する［7］［8］。

［1］賃金の動き（労働者全体）
－名目と実質の対前年月増減－

資料：厚生労働省「毎月勤労統計調査」（2023年7月分）

［2］男女賃金の推移
（千円）

年	男	女	男女間格差 （男＝100）
2000	336.8	220.6	66.5
2001	340.7	222.4	65.3
2002	336.2	223.6	66.5
2003	335.5	224.2	66.8
2004	333.9	225.6	67.6
2005	337.8	222.5	65.9
2006	337.7	222.6	65.9
2007	336.7	225.2	66.9
2008	333.7	226.1	67.8
2009	326.8	228.0	69.8
2010	328.3	227.6	69.3
2011	328.3	231.9	70.6
2012	329.0	233.1	70.9
2013	326.0	232.6	71.3
2014	329.6	238.0	72.2
2015	335.1	242.0	72.2
2016	335.2	244.6	73.0
2017	335.5	246.1	73.4
2018	337.6	247.5	73.3
2019	338.0	251.0	74.3
2020	338.8	251.8	74.3
2021	337.2	253.6	75.2
2022	342.0	258.9	75.7

資料：厚生労働省「賃金構造基本統計調査」

［3］ 低下をつづける勤労者世帯の収入
－2023年7月の2人以上の勤労者世帯集計から－

項目		金額（円）	対前年同月増減		備考
			名目（%）	実質（%）	
実収入		637,866	−3.0	−6.6	10か月連続の実質減少
	世帯主収入	497,749	−2.3	−6.0	7か月連続の実質減少
	（定期収入）	356,970	−2.8	−6.4	16か月連続の実質減少
	（臨時収入・賞与）	140,778	−1.1	−4.8	
	配偶者の収入	103,500	−3.0	−6.6	3か月連続の実質減少
	他の世帯員収入	17,059	−20.1	−23.1	3か月連続の実質減少
消費支出		306,293	−3.6	−7.2	5か月連続の実質減少

資料：総務省「家計調査報告」2023年7月分

［4］ 中高年層で抑えられる賃金実態（男性）
－2011年と2022年を比べて－

(千円)

企業規模／年齢階層	大企業		中企業		小企業	
	2011年	2022年	2011年	2022年	2011年	2022年
～19歳		190.4		186.3		186.4
20～24歳	212.4	227.4	198.3	218.9	188.4	213.2
25～29歳	257.2	274.7	234.2	253.0	221.1	246.8
30～34歳	309.6	324.8	269.6	287.2	255.9	277.1
35～39歳	364.4	378.7	309.0	319.0	286.4	309.0
40～44歳	436.2	411.9	350.7	352.4	308.9	326.6
45～49歳	497.8	447.8	389.3	374.9	326.1	341.1
50～54歳	510.3	480.6	406.4	396.9	327.4	349.1
55～59歳	466.6	483.8	389.8	409.9	322.0	350.8

資料：厚生労働省「賃金構造基本統計調査」

［5］ 年200万円以下の低賃金労働者（ワーキングプア）の定着

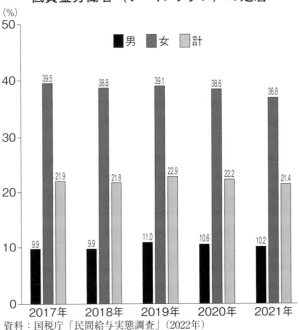

資料：国税庁「民間給与実態調査」（2022年）

［6］ 年200万円以下の低賃金労働者（ワーキングプア）の事業規模別割合

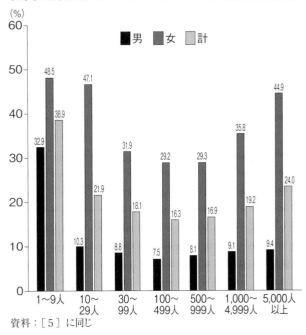

資料：［5］に同じ

［7］ 2023年度決定初任給

学歴	初任給（円）	対前年度増加額（円）	対前年度増加率（%）
大学院卒　博士	246,052	8,837	3.71
大学院卒　修士	238,203	7,273	3.14
大学卒（一律）	218,324	6,026	2.84
短大卒　事務	193,274	5,390	2.86
短大卒　技術	200,953	6,949	3.56
高校卒（一律）	179,680	4,906	2.80

資料：産労総研「2023年度初任給調査」

［8］ 規模別の初任給引き上げ企業の割合

規模別	引き上げた企業の割合	
	2023年	2022年
計	68.1%	41.0%
1000人以上	82.2%	61.8%
300～999人	75.0%	47.5%
299人以下	54.5%	23.4%

資料：［7］に同じ

ジョブ型雇用で拡がる賃金格差

　財界と岸田政権は「リスキリングによる能力向上支援」「個々の企業の実態に応じた職務給（ジョブ型人事）の導入」「成長分野への労働移動の円滑化」の三位一体の労働市場改革による「構造的賃上げ」の推進を提起し、この方向での人事賃金制度改定が大企業を中心に進められている。ジョブ型人事賃金そのものの導入は3割を切っているが［1］、既存の賃金構成を利用してジョブ型人事への移行をはかっている。賃金構成を多様化しつつ［3］、仕事と成果評価に対応する要素を拡大しており［4］、労働者のジョブ型雇用へのイメージもよくない［2］。8割以上の企業で人事評価制度の整備がはかられ、それに対する不満も広がっている［5］。しかも人事考課による降格降給にまで至っている。一般社員についても全等級または一部の等級で降給があるのが63.5%となり、降給はない36.5%を大きく上回る［6］。

　職務給・ジョブ型人事をめざす制度改定は、賃金格差の拡大を避けがたくする。人事評価制度の矛盾と評価処遇への不満のために、働く者のモチベーションの低下さえ生じさせた。評価基準の不透明、主観的な評価、評価と処遇の不整合などが原因だとされている［7］。こうして「成長分野への労働移動の円滑化」と「リスキリングによる能力向上」とが結び合わされるとき、自己の技術技能の向上を自己責任のリスキリングで追求し、それに対応する新分野への積極的な移動で評価と処遇を高めようとしても、それは競争強化と差別の道であり、賃金格差拡大、雇用と生活の安定を脅かしかねない。だから新入社員の「会社生活調査」でも、2023年は雇用制度としては「ジョブ型を望む」が27.8%で、「メンバーシップ型を望む」の22.5%を超えて逆転したが、「どちらでもよい」が増え、前年と比べ「年功的制度」を望む者が38.9%から40.9%に増え、「成果主義」は61.1%から59.2%に減少することとなった［8］。

［1］ジョブ型雇用の導入状況

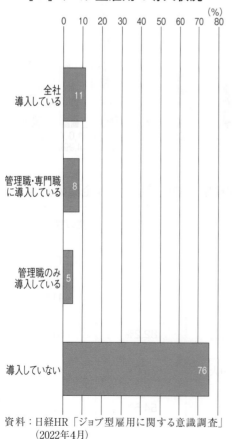

資料：日経HR「ジョブ型雇用に関する意識調査」（2022年4月）

［2］「ジョブ型雇用」についてのイメージ（複数選択）

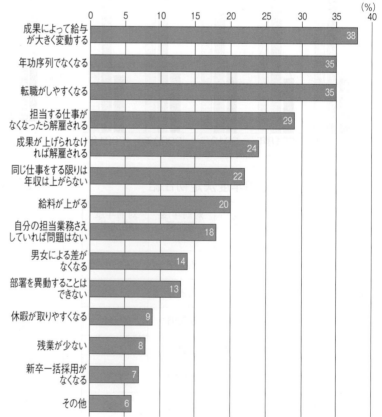

資料：［1］に同じ

［3］ 基本給を構成する賃金項目（規模別、複数回答）

(%)

区分	項目名	規模計	1000人以上	300〜999人	300人未満	区分	規模計	1000人以上	300〜999人	300人未満
一般職	能力給・職能給	52.5	55.8	53.6	48.4	管理職	42.0	33.7	46.4	45.2
	資格給・グレード給	45.7	48.8	39.2	49.5		44.9	44.2	44.3	46.2
	役割給	24.6	29.1	28.9	16.1		44.2	54.7	49.5	29.0
	職務給	24.6	23.3	25.8	24.7		26.1	27.9	27.8	22.6
	成果給・業績給	13.8	15.1	8.2	18.3		18.5	22.1	16.5	17.2
	年齢給	25.7	19.8	20.8	30.1		9.1	7.0	5.2	15.1
	勤続給	9.1	8.1	7.2	11.8		3.6	1.2	1.0	8.6
	総合決定給	12.3	7.0	13.4	16.1		14.5	10.5	14.4	18.3

資料：労務行政研究所「基本給の昇降給ルールの最新実態」（2023年1月24日〜2月8日、WEBによるアンケート、労政時報23年4月11日号）

［4］ 基本給の決定要素別企業割合（管理職以外）

(%)

	調査計	1000人以上	300〜999人	100〜299人	30〜99人	2017年調査計
職務、職種など仕事の内容	76.4	74.3	74.1	76.5	76.7	74.1
職務遂行能力	66.3	72.6	72.2	67.0	65.4	62.8
業績成果	42.0	54.6	50.3	49.5	38.4	39.0
学歴、年齢、勤続年数など	65.8	58.8	69.9	70.2	64.3	69.0

資料：厚生労働省「就労条件総合調査」（2022年1月1日現在）

［5］ 人事評価制度の有無と不満

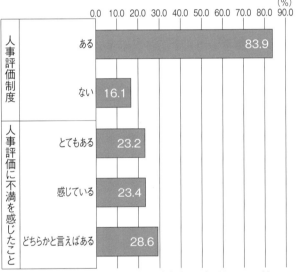

資料：Job総研「人事評価の実態調査」（2023年8月30日〜9月4日、インターネット調査）

［6］ 人事評価による降給の有無（一般社員について）

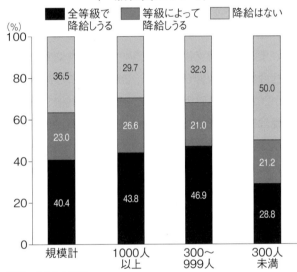

資料：［3］に同じ

［7］ 人事評価とモチベーション

(a) 人事評価によるモチベーションについて

モチベーションが下がった経験	ある 78.7%	とてもある	28.5%
		ある	27.3%
		どちらかと言えばある	22.9%
	ない 21.3%	全くない	4.9%
		どちらかと言えばない	8.2%
		ない	8.2%

(b) モチベーションが下がった理由

成果と報酬が見合っていなかったから	51.3%
評価の基準が不透明だったから	45.6%
上司が自分を見てくれていないと思ったから	38.5%

資料：［5］に同じ

［8］ 新入社員の会社生活調査（2023年）

(a) 雇用制度として望むもの

雇用制度	2023年度	2022年度
ジョブ型	27.8%	23.4%
メンバーシップ型	22.5%	26.2%
どちらでもよい	31.3%	26.6%
わからない	18.4%	23.8%

(b) 人事制度として望むもの

人事制度	2023年度	2022年度
年功序列型	40.9%	38.9%
成果主義型	59.2%	61.1%

(c) 終身雇用制度について

終身雇用	2023年度	2022年度
望む	64.9%	62.7%
望まない	35.1%	37.3%

資料：産業能率大学「2023年度新入社員の会社生活調査」

家計にのしかかる税・社会保険料、消費税とインボイス導入

消費税が1989年4月1日に導入され35年。税率は1997年5％、2014年8％、2019年10月から10％で、いまや国の税収のトップ。2022年度の税収は前年度比6.1％増の71兆1374億円、「基幹三税」（法人税、所得税、消費税）は増収で、最も多かったのが消費税で32.5％。生活必需品（食料、光熱費）の物価高騰に消費税10％が重くのしかかっている［1］。

消費税は、富裕層も低所得者・庶民も同じ税率。所得税にある累進性が消費税にはなく、年収200万円以下は10.5％の負担、2000万を超えると1.8％の負担で、「公平」どころか「逆進性」の不公平な税金である［2］。コロナ禍と物価高はさらなる負担増になっている。

いま、非消費支出でも大きいのが医療や介護など社会保険料の伸びである。2000年度に月額8万円が2022年度は11万7750円へ34.2％の増額に。「消費税は社会保障のため」がいかにまやかしか明ら

かである［3］。

消費税の真の目的は「社会保障財源」ではなく「大企業・金持ち減税の穴埋め」。導入以来累計で509兆円が積みあがっている一方、法人税と所得税・住民税は累計600兆円減少。消費税が、大企業・金持ち減税の穴埋めに消えたことは明らかである。

2023年10月、ネット署名では過去最大の53万を超える反対の声に耳を貸さずインボイス制度（適格請求書保存方式）導入を強行。売上金1000万円以下の免税業者に悪魔の三択（免税業者で取引縮小、課税業者になり増税、廃業）を迫り、課税業者には煩雑な事務作業を押し付け、消費者には諸物価の高騰をもたらす。インボイス制度の導入で1兆円の増税となる［4］。インボイスは、消費税増税への地ならしである。

いま世界106か国で付加価値税（日本の消費税）の減税を実施、この流れを日本でも［5］。

［1］ 物価高騰の家計への影響についての試算

①物価高騰の家計への影響についての試算（2人以上の平均的世帯）

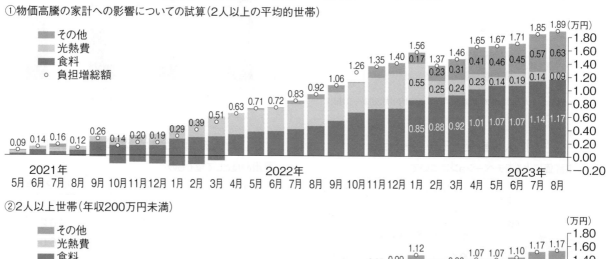

②2人以上世帯（年収200万円未満）

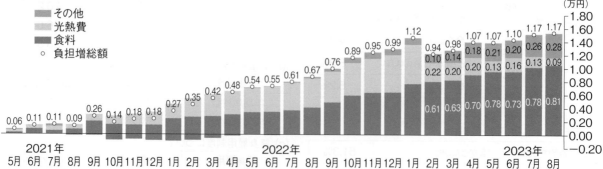

注：①各月の家計消費支出金額の21年4月と比較した増減額。
②2021年の「その他」の値下がりは、おもに携帯電話料金の影響。
資料：総務省「家計調査」（2021年平均）、全国・2人以上世帯の品目別支出金額（平均年収世帯と年収200万円未満世帯）、総務省「消費者物価指数」、季節調整済み指数（2020年基準）より作成

［2］消費税の逆進性

注：年収200万円以下の層は、預貯金を取り崩して生活費に充てているため、負担率が税率より高くなる。富裕層は、一定額を消費に、残りを貯蓄などに回すため、負担率は低くなる。
資料：総務省「全国消費実態調査」（2014年）、2人以上世帯の年収別データから計算。

［3］消費税導入前後の医療・社会保障

		消費税導入前（1988年度）、2000年介護保険導入	現在（2023年度）
	消費税率	0%	10%
医療	サラリーマン本人窓口負担（外来）	1割	3割
	70〜74歳の窓口負担（外来）	定額（月800円）	2〜3割
	75歳以上の窓口負担（外来）	定額（月800円）	1〜3割
年金	厚生年金の受給開始年齢	男性60歳、女性56歳	65歳以上（特例あり）
	国民年金保険料（月額）	7700円	1万6520円（2024年3月まで）
介護	2000年、40歳から保険料徴収	2911円（2000年）	平均6014円（3000〜9800円）
	利用料	一律1割（2000年）	1〜3割（保険料滞納は4割）
	サービス	措置制度（介護保険導入前）	認定審査後に決定
障害者福祉		自己負担 応能負担	定率1割負担
生活保護		老齢加算 あり	なし

資料：消費税をなくす全国の会作成

［4］インボイス実施で1兆円の増税に

タイプ類型等	人数（万人）	課税事業選択者割合（%）	課税事業選択者数（万人）	平均年収×（1−みなし仕入率）（万円）	消費税（%）	消費税増税額（億円）
副業系すきまワーカー	424	100	424	31.15	10	1,320
副業系パラレルワーカー	356	100	356	51.4	10	1,830
自由業系フリーワーカー	297	100	297	44.5	10	1,322
自由業系独立オーナー	500	60	300	148.75	10	4,464
フリーランス小計	1,577		1,377		10	8,936
小規模自販機設置者	400	30	120	10×0.5=5	10	60
小規模農家	100	40	40	100×0.2=20	8	64
不動産貸付業	94	30	28	100×0.6=60	10	168
開業医（自費収入分）	7	90	6.3	200×0.5=100	10	63
弁護士など所業	24	35	8.4	300×0.5=150	10	126
宅用太陽光発電	田村貴昭衆院議員の国会質問での増額試算額					181
シルバー人材センター	田村貴昭衆院議員の国会質問での増額試算額					200
フリーランス以外の小計						862
合計						9,801

注：この表には、例えば携帯電話基地局を設置するマンション管理組合などもインボイス発行対象になると考えられるが除外している。
資料：ランサーズ（株）の「新・フリーランス実態調査、2021 〜 2022年版」、矢野経済研究所などの資料に基づき湖東京至税理士が作表

［5］105の国と地域が「付加価値税」の減税を実施・予定

アイルランド、アゼルバイジャン、アルバニア、イギリス、イタリア、インドネシア、ウガンダ、ウクライナ、ウズベキスタン、ウルグアイ、エストニア、オーストリア、オランダ、カーボベルデ、カザフスタン、北マケドニア、キプロス、ギリシャ、クロアチア、ケニア、コスタリカ、コロンビア、ザンビア、ジャマイカ、スペイン、スロバキア、スロベニア、韓国、チェコ、中国、チュニジア、ドイツ、トルコ、ニジェール、ノルウェー、パラグアイ、ハンガリー、フィジー、フィリピン、フィンランド、フランス、ブルガリア、ブルキナファソ、ベルギー、ポーランド、ポルトガル、マリ、マルタ、マン島、モナコ、オマーン、パキスタン、マレーシア、メキシコ、モルドバ、モンテネグロ、リトアニア、ルクセンブルク、ロシア、バルバドス、ベトナム、バハマ、ラオス、アルジェリア、ポルトガル・アゾレス自治地域、モーリシャス、エクアドル、ラトビア、ルーマニア、グレナダ、台湾、コンゴ民主共和国、ブラジル、バングラデシュ、エルサルバドル、マラウィ、カンボジア、タジキスタン、コソボ、ボリビア、アンゴラ、オーストラリア、ベネズエラ、パナマ、ガイアナ、タンザニア、サウジアラビア、アイスランド、インド、ボスニア・ヘルツェゴビナ、ペルー、タイ、ボツワナ、ドミニカ、モザンビーク、ガーナ、グアテマラ、プエルトリコ、トリニダード・トバゴ、コートジボワール、ベリーズ、ルワンダ、モロッコ、セントルシア、カナダ

資料：JETRO、各社報道をもとに消費税廃止各界連絡会が作成

地域間格差なくし全国一律1500円以上の最低賃金を

2023年の最低賃金は加重平均1004円となり、政府が2015年から掲げてきた目標に達した。しかし1000円を上回る地方は8都府県しかなく、800円台は12県も残されている［1］。世界ではイギリス約1729円、フランス約1608円、ドイツでは2024年1月から約1732円となる［2］。日本の最低賃金は「過去最高の引き上げ」をしたにもかかわらず、世界水準には届いていない。急激な物価高騰が続くなか、最低賃金近傍で働く労働者から悲鳴が上がっている。

また、2023年の改定はランク数が4から3にされ格差是正が期待されたが、中央最低賃金審議会は「Aランク41円、Bランク40円、Cランク39円」と格差拡大の目安をだした。目安に1円〜8円もの上乗せした地方の奮闘にもかかわらず、最高額（1113円）と最低額の県（893円）との額差が220円（前年219円）に拡大するという現行法の限界を示すことになった［3］。最低賃金の地域間格差は、労働者の賃金格差となり生活保護、年金、公務員賃金、保険料にいたるまで様々な格差となっている［4］。地域間格差は都市部への人口流出と地域経済疲弊の要因となっている。全労連の「最低生計費試算調査」では、人間らしく生活するには若年の単身世帯で月額24万円・時間額1500円（月150時間換算）以上必要であり、その額は都市部も地方も変わらない［5］［6］。

最低賃金額が低い地域では、その現状の支払能力や経済状況をもとに最低賃金額が決められ、低いままとなる。また、最低賃金額の高い地域は低い地域を考慮し決められる。このように地域別制度は全体の引き上げを妨げる構造的欠陥となっており、全国一律制度への法改正が必要である。全国一律制度の実現は、全国どこでも誰でも、ふつうに働けば人間らしい暮らしができ、若者の経済的自立を促して家族形成を可能にし、人口減少に歯止めをかける確かな道となる。

［1］2023地域別最低賃金額

ランク	地方	最賃額	22年	引上げ額	引上げ率	目安差
A	東 京	1,113	1,072	41	3.8	0
	神奈川	1,112	1,071	41	3.8	0
	大 阪	1,064	1,023	41	4.0	0
	埼 玉	1,028	987	41	4.2	0
	愛 知	1,027	986	41	4.2	0
	千 葉	1,026	984	42	4.3	1
B	京 都	1,008	968	40	4.1	0
	兵 庫	1,001	960	41	4.3	1
	静 岡	984	944	40	4.2	0
	三 重	973	933	40	4.3	0
	広 島	970	930	40	4.3	0
	滋 賀	967	927	40	4.3	0
	北海道	960	920	40	4.3	0
	栃 木	954	913	41	4.5	1
	茨 城	953	911	42	4.6	2
	岐 阜	950	910	40	4.4	0
	長 野	948	908	40	4.4	0
	富 山	948	908	40	4.4	0
	山 梨	938	898	40	4.5	0
	福 岡	941	900	41	4.6	1
	奈 良	936	896	40	4.5	0
	群 馬	935	895	40	4.5	0
	石 川	933	891	42	4.7	2
	岡 山	932	892	40	4.5	0

ランク	地方	最賃額	22年	引上げ額	引上げ率	目安差
B	新 潟	931	890	41	4.6	1
	福 井	931	888	43	4.8	3
	和歌山	929	889	40	4.5	0
	山 口	928	888	40	4.5	0
	宮 城	923	883	40	4.5	0
	香 川	918	878	40	4.6	0
	島 根	904	857	47	5.5	7
	福 島	900	858	42	4.9	2
	愛 媛	897	853	44	5.2	4
	徳 島	896	855	41	4.8	1
C	鳥 取	900	854	46	5.4	7
	山 形	900	854	46	5.4	7
	佐 賀	900	853	47	5.5	8
	大 分	899	854	45	5.3	6
	青 森	898	853	45	5.3	6
	熊 本	898	853	45	5.3	6
	長 崎	898	853	45	5.3	6
	秋 田	897	853	44	5.2	5
	宮 崎	897	853	44	5.2	5
	鹿児島	897	853	44	5.2	5
	高 知	897	853	44	5.2	5
	沖 縄	896	853	43	5.0	4
	岩 手	893	854	39	4.6	0
加重平均		1,004	961	43	4.5	

資料：全労連作成

［2］主要国の最低賃金比較（2019～2023年）

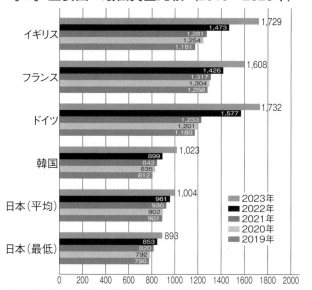

注：円換算で表示（2022年平均は、1ドル＝132.43円、1ユーロ＝139.54
　　円、1ポンド＝165.92円、1ウォン＝0.1038円）。
資料：全労連作成

［3］広がる最低賃金の地域格差

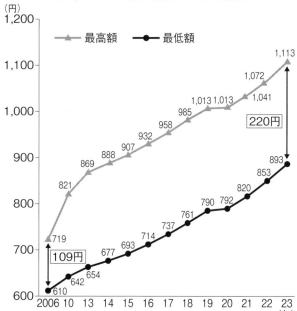

資料：全労連作成

［4］都道府県別平均賃金（年収）と最低賃金

資料：全労連作成、都道府県別平均値（年収）は厚労省「令和4年賃金構造基本統計調査」

［5］最低生計費試算調査（最低生計費と最低賃金）

都道府県名	都市名	月額最低生計費（税込）				最低生計費		年額（税込）	時間額 150h	ランク	最賃 2023年	調査実施時期
		消費支出	非消費支出	非消費額比率	予備費	税抜	税込					
東京	北区	179,804	51,938	20.80%	17,900	197,704	249,642	2,995,704	1,664	A	1,113	2019年9月
大阪	大阪市	173,494	54,157	22.11%	17,300	190,794	244,951	2,939,412	1,633	A	1,064	2022年1月
兵庫	神戸市	175,940	50,492	20.70%	17,500	193,440	243,932	2,927,184	1,626	B	1,001	2022年6月
長野	長野市	183,113	53,399	20.96%	18,300	201,413	254,812	3,057,744	1,699	B	948	2020年7月
茨城	水戸市	179,910	55,177	21.81%	17,900	197,810	252,987	3,035,844	1,687	B	911	2020年7月
岡山	岡山市	180,404	50,107	20.16%	18,000	198,404	248,511	2,982,132	1,657	B	932	2020年7月
高知	高知市	183,688	47,711	19.11%	18,300	201,988	249,699	2,996,388	1,665	C	897	2022年6月
大分	大分市	187,077	53,037	20.49%	18,700	205,777	258,814	3,105,768	1,725	C	899	2021年6月
沖縄	那覇市	179,439	48,977	19.88%	17,900	197,339	246,316	2,955,792	1,642	C	896	2020年7月

資料：各地方「最低生計費試算調査」より全労連作成（2023年9月）

［6］最低生計費と最低賃金（指数）

都道府県名	最低生計費		最低賃金（2023）	
	時間額	指数	時間額	指数
東京	1,664	100.0	1,113	100.0
大阪	1,633	98.1	1064	95.6
兵庫	1,626	97.7	1001	89.9
長野	1,699	102.1	948	85.2
茨城	1,687	101.3	911	81.9
岡山	1,657	99.5	932	83.7
高知	1,665	100.0	897	80.6
大分	1,725	103.7	899	80.8
沖縄	1,642	97.4	896	80.5

注：指数は東京を100とする。
資料：全労連作成

広がる自治体業務の民間委託、公契約条例の前進を

政府・総務省は、地方行政サービス改革について、2015年8月に「地方行政サービス改革の推進に関する留意事項について」とする総務大臣通知を発出し、地方財政が依然として厳しい状況にあるなかで、効率的・効果的に行政サービスを提供する観点から、民間委託やクラウド化などの業務改革の推進に努めるよう、各地方公共団体に要請している。

この結果、都道府県、政令指定都市（市区町村を除く）によって違いはあるものの、多くの業務が民間委託されている[2]。また、自治体が保有する施設などについては、大部分は指定管理者によって運営されているため、直営で行っているところを探すのが難しくなっている[3]。

このように自治体の公務員によって運営されていないところでは、入札によって事業者が決まるため、ダンピングなどが発生しやすい。そのことは、民間委託や指定管理者で従事する労働者の賃金が低く抑えられることにもつながる。

公契約条例の多くは、自治体が直接契約する建設工事又は製造その他の請負契約と、公契約を締結し、又は締結しようとする事業者及び下請負人が対象とされている。

このため、民間委託されている業務や指定管理者によって運営されている企業などで雇用されている労働者も対象となるが、多くの公契約条例は、理念条例にとどまっている[1]。

本条例の場合は、公共工事や委託業務などの労働者・従事者の賃金額などに下限を設け、自治体、受注者の責任などを契約事項に加えることを定めている。指定管理者の場合、労働法令の遵守以外に労働条件に関する協定がなされている[4][5]。公務・公共サービスの質を確保するためには、働く者の労働条件整備が不可避となる。公務・公共サービスに従事する者の労働にふさわしい賃金や処遇が求められる。

［1］ 公契約条例制定自治体一覧

都道府県	自治体名	条例	都道府県	自治体名	条例	都道府県	自治体名	条例
北海道	旭川市	○	東京都	江戸川区	◎	愛知県	尾張旭市	○
青森県	八戸市	○		日野市	◎		高浜市	○
	おいらせ町	○		国分寺市	◎		日進市	○
岩手県		○		多摩市	◎		豊明市	○
	花巻市	○	神奈川県	川崎市	◎		田原市	○
	北上市	○		相模原市	◎		長久手市	○
秋田県	秋田市	○		厚木市	◎		東郷町	○
	由利本荘市	○	石川県	加賀市	○		幸田町	○
	にかほ市	○	長野県		○	三重県	津市	○
山形県		○		長野市	○		四日市市	○
福島県	郡山市	○	岐阜県		○	滋賀県		○
群馬県	前橋市	○		岐阜市	○	京都府	京都市	○
埼玉県	草加市	◎		大垣市	○		向日市	○
	越谷市	◎		高山市	○	兵庫県	尼崎市	○
千葉県	野田市	◎		飛騨市	○		三木市	◎
	我孫子市	◎	静岡県		○		加西市	◎
東京都	千代田区	◎	愛知県		○		丹波篠山市	○
	新宿区	◎		豊橋市	◎		加東市	◎
	目黒区	◎		岡崎市	○	奈良県		○
	世田谷区	◎		瀬戸市	○		大和郡山市	○
	渋谷区	◎		豊川市	◎	和歌山県	湯浅町	○
	中野区	◎		碧南市	○	広島県	庄原市	○
	杉並区	◎		豊田市	○	香川県	丸亀市	○
	北区	◎		西尾市	○	高知県	高知市	◎
	足立区	◎		蒲郡市	○	福岡県	直方市	◎
	葛飾区	○		大府市	○	熊本県		○
	江戸川区	◎		知立市	○	沖縄県		○
							那覇市	○

注：◎は本条例、○は理念条例。本条例27、理念条例54、合計81。
資料：全労連調べ（2023年9月現在）

［2］ 民間委託の実施状況

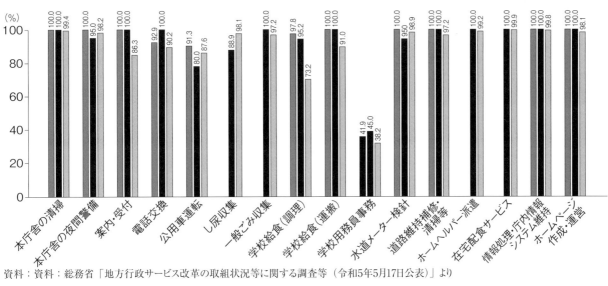

資料：資料：総務省「地方行政サービス改革の取組状況等に関する調査等（令和5年5月17日公表）」より

［3］ 指定管理者の導入状況

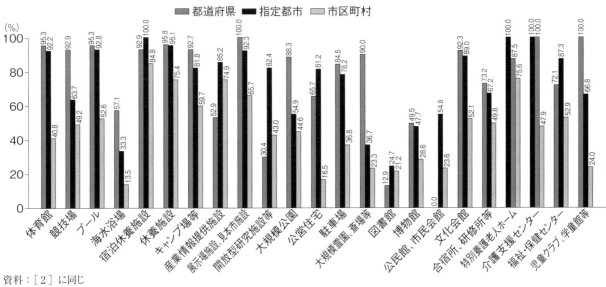

資料：［2］に同じ

［4］ 指定管理者における労働法令の順守や雇用・労働条件への配慮規定の状況

（%）

選定時に示しており、かつ、協定等に記載している
- 都道府県 88.5
- 指定都市 81.3
- 市区町村 48.7

選定時にのみ示している
- 都道府県 6.4
- 指定都市 5.6
- 市区町村 10.7

協定等にのみ記載している
- 都道府県 0.7
- 指定都市 3.3
- 市区町村 8.7

選定時に示さず、協定等にも記載していない
- 都道府県 4.5
- 指定都市 9.8
- 市区町村 31.9

■ 都道府県
■ 指定都市
□ 市区町村

資料：総務省「公の施設の指定管理者制度の導入状況等に関する調査結果」（2022年3月29日公表資料）より作成

［5］ 指定管理者に対する「労働法令を遵守すること」以外の提示・記載（複数回答）

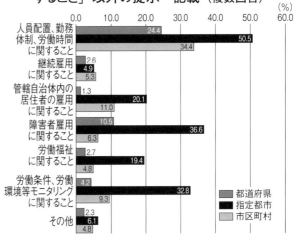

人員配置、勤務体制、労働時間に関すること
- 都道府県 24.4
- 指定都市 50.5
- 市区町村 34.4

継続雇用に関すること
- 都道府県 2.6
- 指定都市 4.9
- 市区町村 5.3

管轄自治体内の居住者の雇用に関すること
- 都道府県 1.3
- 指定都市 20.1
- 市区町村 11.0

障害者雇用に関すること
- 都道府県 10.5
- 指定都市 36.6
- 市区町村 6.3

労働福祉に関すること
- 都道府県 2.7
- 指定都市 19.4
- 市区町村 4.8

労働条件、労働環境等モニタリングに関すること
- 都道府県 4.2
- 指定都市 32.8
- 市区町村 9.3

その他
- 都道府県 2.3
- 指定都市 6.1
- 市区町村 4.8

■ 都道府県
■ 指定都市
□ 市区町村

注：資料［4］で「選定時に示している」もしくは「協定等に記載している」と回答したところのみ回答している。

資料：［4］に同じ

公務員労働者の賃金引き上げと地域間格差の解消

　8月7日に行われた人事院勧告は、月例給と一時金を昨年に続いて引き上げるものとなった。官民共同による公務員賃金改善のたたかいや初めての「緊急勧告」要求によって再任用職員も含めた全世代に及ぶ引き上げ勧告となったが、物価上昇率にも満たず、生活改善には程遠い水準であった。引き続き、官民一体となった取り組みにより、大幅賃上げをめざすことが求められる。

　厚生労働省の「賃金構造基本統計調査」と国公の初任給を比較すると大卒は［1］のとおりであり、高卒は［2］のとおりとなっている。2023年の国家公務員初任給の1万円を超える引き上げは33年ぶりとなった。

　国家公務員は最低賃金法の適用除外とされ、地域手当が計算に含まれることなどから、人事院は表向きは問題視していない。しかし、初任給は、非正規公務員の賃金水準決定とも密接に絡んでいる。各都道府県の最低賃金と国公高卒者の時給単価を比較すると［3］のとおりであり、最低賃金を下回る地域は解消できていない。

　一時金については、期末・勤勉の双方が0.05月分引き上げられた。この数年の推移は［4］のとおりである。地方自治体などで働く会計年度任用職員は来年度から勤勉手当の支給が可能となる。均衡待遇の観点から、すべての自治体での支給を勝ち取ることが求められている。

　公務員の平均給与は、平均年齢の低下もあり減少傾向が続いている［5］。とくに、地方自治体では地域間格差が深刻な状態となっている。都道府県職員の平均基本給月額（本俸・扶養手当・地域手当）は、最高の東京都と最低の青森県では6万5312円もの開きがある［6］。一時金の地域間格差も大きく、人材確保にも影響している［7］。

　人事院は24年人勧にむけて地域手当の検討（大くくり化）を表明しており、あらゆる格差の解消にむけて運動を強めていく必要がある。

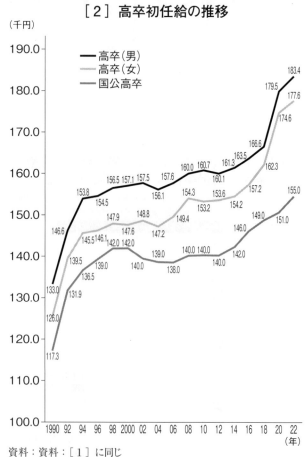

［1］大卒初任給の推移

（千円）

凡例：大卒（男）、大卒（女）、国公一般大卒

資料：厚生労働省「賃金構造基本統計調査」及び人事院「国家公務員の初任給の変遷」

［2］高卒初任給の推移

（千円）

凡例：高卒（男）、高卒（女）、国公高卒

資料：資料：［1］に同じ

［3］ 都道府県最低賃金額と国公初任給の時間単価

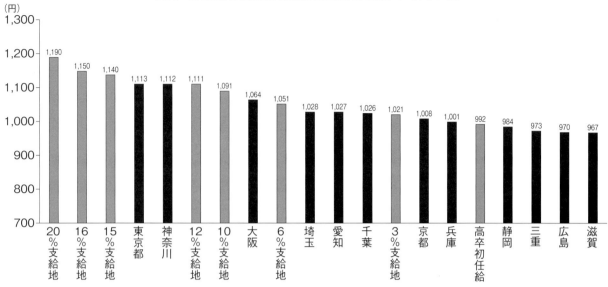

資料：2023年改定最低賃金額及び人事院資料から全労連公務部会で作成

［4］ 国家公務員の一時金支給月数の推移

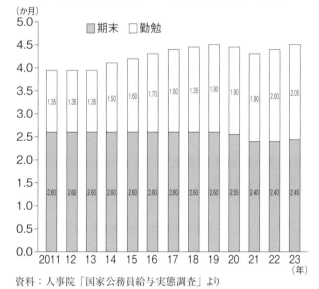

資料：人事院「国家公務員給与実態調査」より

［5］ 国家公務員及び地方公務員の平均給与、平均年齢の推移

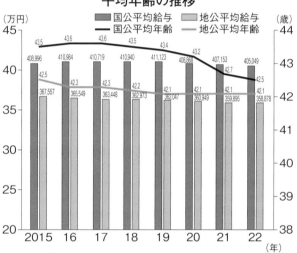

資料：人事院「国家公務員給与実態調査」・総務省「地方公務員給与実態調査」より全労連公務部会で作成

［6］ 都道府県職員（一般行政職）の平均基本給月額（2022年）

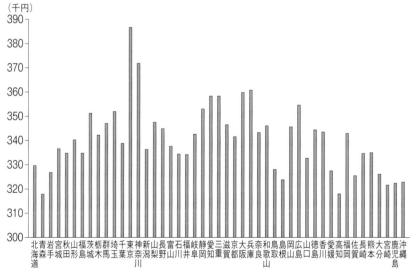

資料：総務省「地方公務員給与実態調査」より

［7］ 都道府県職員の一時金支給月数（2023年）

4.65月	東京
4.50月 （国と同一）	北海道、岩手、宮城、茨城、栃木、群馬、埼玉、千葉、神奈川、新潟、山梨、富山、石川、福井、長野、岐阜、静岡、愛知、三重、滋賀、京都、大阪、兵庫、和歌山、奈良、岡山、広島、山口、徳島、香川、愛媛、福岡、佐賀、長崎、熊本、大分、宮崎、鹿児島、沖縄
4.45月	秋田、山形、福島
4.40月	青森
4.35月	高知
4.30月	島根
4.20月	鳥取

資料：全労連公務部会調べ

政府が狙う労働法制改悪・労働市場改革

岸田政権は、日本の国内人口と生産年齢人口の減少をふまえ、経済成長を図るために生産性が高いとされる産業への労働移動を推進している。そのため、「新しい資本主義実現のグランドデザイン及び実行計画2023改訂版」を閣議決定し、成長と分配の好循環をめざすとしている。

その中心に「三位一体の労働市場改革」による労働移動を円滑にするため、「リ・スキリング」による能力向上支援を行うとしている。

転職では、ミスマッチということが言われるように、働きたいと考える人が希望する職種と募集されている職種とに違いがある[1]。

なお、労働者が新しい勤め先を選んだ理由として、若年層は転職前の労働条件などに対する不満が強い[2]。いっぽう高齢層は自らが保有する能力を活かせる職場を選ぶ傾向が強まる[3]。

転職については、職業訓練の充実や職業仲介機関による支援が重要となる。しかし、長年にわた

る「官から民へ」の流れのなかで、公的な機能が弱められ、自己責任が強調され、公共職業訓練施設や公共職業安定所（ハローワーク）の職員が減らされ続けている[4][5]。

注意しなければならないのは、ウーバーに代表されるプラットフォームなどによる労働者性を失わせる労働形態の増加である。政府は、「フリーランスとして安心して働ける環境を整備するためのガイドライン」（2021年3月26日内閣官房・公正取引委員会・厚生労働省）で有業者のうち「実店舗がなく、雇人もいない自営業主または一人社長であって、自身の経験や知識、スキルを活用して収入を得るもの」をフリーランスと定義した。それまで公的な統計は出されていなかったが、2022年就業構造基本調査で初めて示された[6]。産業別では、建設業が最も多く、学術研究、専門・技術サービス業とサービス業（分類不可）、卸売業、小売業、不動産業、物品賃貸業が続く[7]。

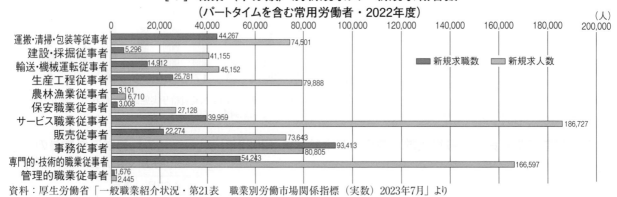

[1] 職業（中分類）別新規求人・新規求職者数
（パートタイムを含む常用労働者・2022年度）

資料：厚生労働省「一般職業紹介状況・第21表　職業別労働市場関係指標（実数）2023年7月」より

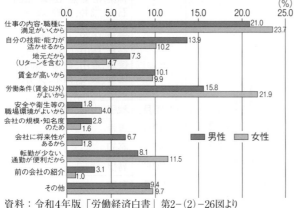

[2] 現在の勤め先を選んだ理由（25～34歳）

資料：令和4年版「労働経済白書」第2-(2)-26図より

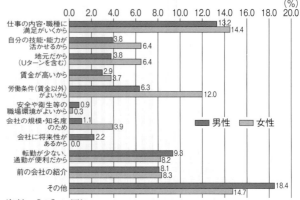

[3] 現在の勤め先を選んだ理由（55～64歳）

資料：[2]に同じ

［4］公共職業能力開発施設などの施設数の推移

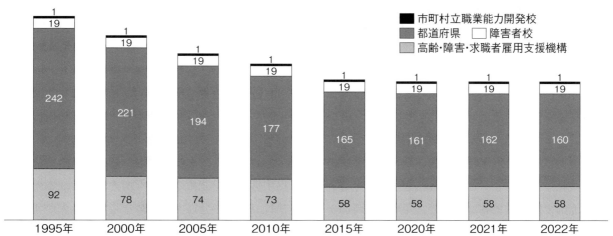

凡例：
- ■ 市町村立職業能力開発校
- 都道府県　□ 障害者校
- 高齢・障害・求職者雇用支援機構

	1995年	2000年	2005年	2010年	2015年	2020年	2021年	2022年
市町村立	1	1	1	1	1	1	1	1
障害者校	19	19	19	19	19	19	19	19
都道府県	242	221	194	177	165	161	162	160
高齢・障害・求職者	92	78	74	73	58	58	58	58

資料：厚生労働省「令和3年度公共職業訓練等実績」より

［5］有効求職者数とハローワークの職員数の推移

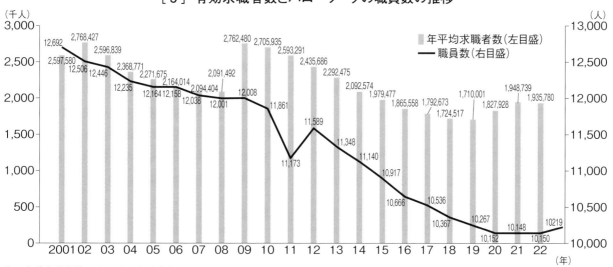

凡例：
- 年平均求職者数（左目盛）
- 職員数（右目盛）

注：有効求職者数にはパートタイムも含む。
資料：厚生労働省「公共職業安定所（ハローワーク）の主な取り組みと実績（令和5年4月）」及び一般職業紹介状況有効求職者数（令和5年6月）より

［6］年齢階層別フリーランスの数

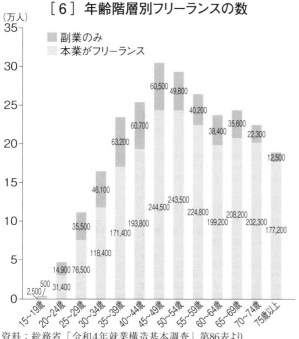

凡例：
- 副業のみ
- 本業がフリーランス

資料：総務省「令和4年就業構造基本調査」第86表より

［7］産業別フリーランスの数

産業	人数
建設業	497,400
学術研究、専門・技術サービス業	367,100
サービス業（他に分類されないもの）	182,000
卸売業,小売業	175,300
不動産業、物品賃貸業	163,600
製造業	162,000
情報通信業	152,700
教育,学習支援業	125,300
生活関連サービス業、娯楽業	106,500
運輸業、郵便業	94,200
医療、福祉	35,700
金融業、保険業	20,400
宿泊業、飲食サービス業	8,400
電気・ガス・熱供給・水道業	2,600
鉱業、採石業、砂利採取業	400
複合サービス事業	100

資料：総務省「令和4年就業構造基本調査」第20表より

労働時間制度の多様化・柔軟化、さらにフリーランス化で使用者責任があいまいに

1日8時間・週40時間労働は労基法の柱だが、休憩や通勤を含むと1日9時間超の拘束だ。家族的責任を果たすためにも「1日7時間・週35時間以内」とする必要があるが、政府・経済界は「8時間労働原則は工場法時代の古い発想。時代にあった柔軟な働き方を」と規制緩和を強行。今日8時間原則で働く労働者は4割で、変形労働時間が5割強、みなし労働時間制が1割に及ぶ［1］。

ただし変形労働時間やフレックスタイムは、一定期間の平均が週40時間を超えた分、割増賃金の支払いが必要なため、日本経団連は裁量労働制の拡大を要求。23年に「金融業でM&Aに従事する業務」を専門業務型裁量労働制に追加させた。同時に裁量労働制の導入要件を一部改正し、本人同意や同意の撤回手続きが義務化された［2］。

しかし、以前から本人同意が必要だった企画業務型裁量労働制や「高プロ」適用者の半数は、不本意ながらの適用となっている［3］。違法解消のため、政府は厳格な監督指導をすべきである。

長時間の拘束を嫌う労働者の一部は「自由」を求めてフリーランスとなるが、収入は雇用労働者の頃より減り、不満を抱く人も少なくない［4］～［6］。他方、本業の賃金を補うため副業に乗り出す労働者を認める企業も増えている。本業が正社員でも週半分以上、副業をしている人が4分の1もいる。追加収入を得るための長時間労働による心身への悪影響が心配される［7］～［11］。

労働者は、柔軟で安心できる働き方がしたいなら、労働基準法の原則を再確認し、改正を求めるべきだ。使用者に労働時間管理と適正な業務量を定める責任を課し、1日の就労の上限を7時間とし、やむを得ない時間外の割増率は5割以上とする。そのうえで業務の遂行方法の裁量を労働者に与えることは、労基法の原則のもとで可能である。

11時間以上のインターバル規制、夜勤交替制の規制強化、法定労働時間の短縮が必要だ。

［1］ 原則的な労働時間制度の適用は4割、変形5割、「みなし」は8%
適用されている労働時間制度別に見た労働者の比率

(%)

| | 労働者計（管理監督者を除く） | 通常の労働時間制 | 変形労働時間制の適用を受ける労働者① | 変形労働時間制の種類 | | | みなし労働時間制の適用労働者 | みなし労働時間制の種類 | | | 高度プロフェッショナル制度② |
				1年単位の変形労働時間制	1か月単位の変形労働時間制	フレックスタイム制		事業場外みなし労働時間制	専門業務型裁量労働制	企画業務型裁量労働制	
2022年	100.0	40.0	52.1	19.0	22.7	10.3	7.9	6.5	1.2	0.2	0.0
2013年	100.0	45.2	46.7	21.3	17.4	7.9	8.1	6.6	1.2	0.3	―

注：①「変形労働時間制の適用を受ける労働者」には「1週間単位の非定型的変形労働時間制」適用労働者を含む。
　　②「高度プロフェッショナル制度」は19年施行。23年末時点の決議事業場数は26事業場（24社）、823人。前年より3社、158人増。
資料：厚生労働省「就労条件総合調査」、厚生労働省発表の資料等より作成

［2］ みなし労働時間制の概要
※2024年4月1日以降、裁量労働制を導入・継続するには新たな手続きと届け出が必要

	対象	労働時間	手続き
事業場外みなし労働時間制〔法38条の2〕	労働者が、労働時間の全部または一部について事業場外で業務に従事した場合において、労働時間の算定が困難なとき	①所定労働時間労働したものとみなす。②業務遂行に所定労働時間を超える労働が必要な場合は、当該業務の遂行に通常必要な時間、労働したものとみなす。	労使協定の締結は義務付けられていないが、協定があるときは、協定で定める時間を「当該業務の遂行に通常必要とされる時間」とする。（協定したみなし労働時間が1日8時間を超える場合は労基署へ届出必要）
専門業務型裁量労働制〔法38条の3〕	専門性が高い業務に従事する労働者（例）新商品や新技術の研究開発・人文科学や自然科学の研究・情報処理システムの設計、コピーライター、新聞記者等（厚労省令及び大臣告示で規定）	労使協定で定めた時間を労働したものとみなす。	労使協定で、以下を定め、労基署へ届出⇒新:本人同意及び不同意に対する不利益取扱い禁止●新:同意撤回手続き、同意・撤回の記録保存●対象業務●みなし労働時間●対象者の健康・福祉確保措置●苦情処理措置
企画業務型裁量労働制〔法38条の4〕	事業の運営に関する事項についての企画、立案、調査及び分析の業務に従事する労働者（例）・企業の企画部門で経営環境を調査分析し、経営計画を策定する労働者	労使委員会の決議で定めた時間を労働したものとみなす。	事業場毎に労使委員会を設置し以下を決議（4/5以上の多数決）し、労基署へ届出●本人同意及び不同意に対する不利益取扱い禁止●新:同意・撤回の記録保存●対象業務●対象者の範囲●みなし労働時間●健康・福祉確保措置●苦情処理措置●新:賃金・評価制度の内容の説明（変更の際も）●新:制度の実施状況の把握の頻度や方法●新:労使委員会6か月以内ごとに1回開催●新:定期報告（6カ月以内に1回が2回目以降1年以内に1回に）

資料：全労連作成

［3］裁量労働制と高プロ適用者の半数は不本意!
自分に適用されている労働時間制度で、どの程度働きたいと思っているか?

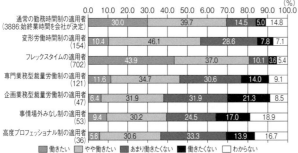

凡例: ■働きたい ▨やや働きたい ▤あまり働きたくない ■働きたくない □わからない

- 通常の勤務時間制の適用者（3886:始終業時間を会社が決定）: 30.0 / 39.7 / 14.5 / 5.0 / 14.8
- 変形労働時間制の適用者（154）: 10.4 / 46.1 / 28.6 / 7.8 / 7.1
- フレックスタイムの適用者（702）: 43.9 / 37.0 / 10.1 / 3.6 / 5.4
- 専門業務型裁量労働制の適用者（121）: 11.6 / 34.7 / 30.6 / 14.0 / 9.1
- 企画業務型裁量労働制の適用者（47）: 6.4 / 31.9 / 31.9 / 21.3 / 8.5
- 事情場外みなし制の適用者（53）: 9.4 / 30.2 / 24.5 / 17.0 / 18.9
- 高度プロフェッショナル制の適用者（36）: 5.6 / 30.6 / 33.3 / 13.9 / 16.7

注：表側（ ）の数字は対象者数。無回答を除いて比率を集計したもの。裁量労働制と事業場外みなしについては、みなし労働時間制（一定時間分働いたとみなして、その時間数を基準に残業代が支給される制度）について設問している。
資料：厚生労働省「労働者の働き方・ニーズに関する調査」報告書より全労連作成。調査実施2023年3月、委託会社PWCによるインターネット調査で有効回答数6000人

［4］フリーランスという働き方を選択した理由

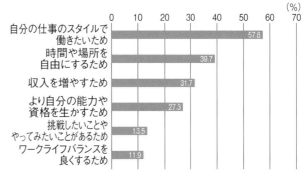

- 自分の仕事のスタイルで働きたいため: 57.8
- 時間や場所を自由にするため: 39.7
- 収入を増やすため: 31.7
- より自分の能力や資格を生かすため: 27.3
- 挑戦したいことややってみたいことがあるため: 13.5
- ワークライフバランスを良くするため: 11.9

注：「フリーランスという働き方を選択した理由について、当てはまるものをお選びください」（複数回答可）という設問への回答の上位6項目を集約したもの。
資料：内閣官房日本経済再生総合事務局「フリーランス実態調査結果」2020年2月10日～3月6日実施、有効回答数7478人

［5］フリーランスになって、会社員時代より働く時間が減った6割、収入が減った4割
「会社に所属していた経験がある回答者」の会社員時代との比較

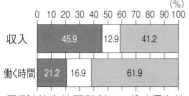

凡例: ■増えた(上がった) □変わらない ▤減った(下がった)

- 収入: 45.9 / 12.9 / 41.2
- 働く時間: 21.2 / 16.9 / 61.9

資料：一般社団法人プロフェッショナル＆パラレルキャリア・フリーランス協会「フリーランス白書2023」2022年9月30日～2022年11月17日、有効回答数878人、オンラインアンケート

［6］フリーランス、働く場所・時間は満足だが、収入に不満の人が目立つ
今の働き方に対する満足度

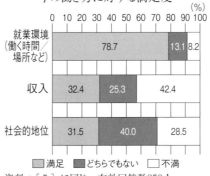

- 就業環境（働く時間／場所など）: 78.7 / 13.1 / 8.2
- 収入: 32.4 / 25.3 / 42.4
- 社会的地位: 31.5 / 40.0 / 28.5

凡例: ■満足 ▤どちらでもない □不満

資料：［5］に同じ。有効回答数850人

［7］今後、副業・兼業を行う希望はあるか?

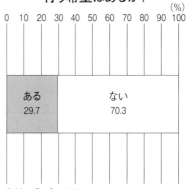

- ある: 29.7
- ない: 70.3

資料：［3］に同じ

［8］副業する理由はなんといっても「収入」!
副業をする理由（複数回答、本業の就業形態別） (%)

	合計	正社員	非正社員	非雇用者
収入を増やしたいから	54.5	59.1	53.2	48.7
1つの仕事だけでは収入が少なくて生活自体ができないから	38.2	31.6	43.9	38.9
自分が活躍する場を広げたいから	18.7	20.2	15.4	22.7
時間のゆとりがあるから	15.8	13.7	17.2	17.1
様々な分野の人とのつながりができるから	13.2	14.9	10.5	15.5
ローンや借金や負債を抱えているため	11.3	14.9	9.5	8.2
定年後に備えるため	11.3	15.6	9.1	7.5
仕事で必要な能力を活用・向上させるため	11	12.8	7.7	14.2
副業の方が本当に好きな仕事だから	9.7	10.7	10.0	7.6
仕事を頼まれ、断り切れなかったから	7.9	7.3	7.1	10.5
独立したいから	4.8	7.0	3.1	4.0
本業の仕事の性格上、別の仕事を持つことが自然だから（大学教員、研究者など）	4.4	4.6	2.0	8.8
働くことができる時間に制約があり、1つの仕事で生活を営めるような収入を得られる仕事に就けなかったから	4.1	1.9	6.1	4.1
転職したいから	3.2	4.7	2.7	1.4
その他	3.1	3.1	2.7	3.8

資料：労働政策研究・研修機構「副業者の就労に関する調査」2023年5月発表、調査実施2022年10月3～13日、副業者の有効回答数1万1358人

［9］副業・兼業を認めている企業4割。認める予定の企業1割
——従業員の社外での副業・兼業の可否——

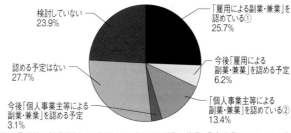

- 「雇用による副業・兼業」を認めている① 25.7%
- 今後「雇用による副業・兼業」を認める予定 6.2%
- 「個人事業主等による副業・兼業」を認めている② 13.4%
- 今後「個人事業主等による副業・兼業」を認める予定 3.1%
- 認める予定はない 27.7%
- 検討していない 23.9%

注：①他社に従業員として雇用されることによる副業・兼業。②自営業やフリーランスを指し、委託契約や請負契約等により副業・兼業を行う場合など。
資料：（財）産業雇用安定センター従業員の「副業・兼業」に関するアンケート調査」2023年6月5日～7月31日、有効回答数1054社

［10］副業による長時間労働の危険
おもな副業の頻度（本業の就業形態別） (%)

	計	正社員	非正社員	非雇用者
ほぼ毎日	12.5	11.3	10.6	18.3
週の半分程度	18.6	15.2	19.2	23.8
週の1～2日程度	31.4	30.2	34.1	28.4
週末など本業が休みの日	13.2	18.5	11.3	7.0
月に数日程度	16.7	17.5	16.6	15.2
季節的など特に人手が必要なときだけ（不定期）	7.7	7.4	8.2	7.2

資料：［8］に同じ

［11］副業月収には差があるが、5万円未満が4割。階級中央値は8.6万円
——1か月あたりの副業の収入（本業の就業形態別）—— (%)

	計	正社員	非正社員	非雇用者
1万円未満	4.7	4.2	5.7	3.5
1万円以上2万円未満	8.9	7.0	12.1	6.1
2万円以上3万円未満	10.2	10.1	12.2	6.3
3万円以上4万円未満	10.5	10.3	12.9	6.3
4万円以上5万円未満	6.9	6.1	8.8	4.5
5万円以上10万円未満	30.0	31.5	31.1	25.1
10万円以上15万円未満	13.2	13.3	10.1	19.0
15万円以上20万円未満	4.9	5.0	3.2	7.9
20万円以上25万円未満	3.9	4.3	1.7	7.7
25万円以上	6.9	8.2	2.2	13.7

資料：［8］に同じ

進むモラルの劣化　雇用法制の規制緩和が後押し

　仕事で心に負った傷を償ってほしいという訴えは増え続けている。精神障害の労災認定における請求・支給決定件数は過去最多を更新した［1］。

　背景には「100〜120時間未満」「140時間〜160時間未満」という極めて長い時間外労働の増加がある［2］。制度別では、通常勤務者よりも近年目立つ裁量労働制従事者などのほうが、労働時間が明らかに増える傾向を示している［3］。

　そこへパワハラやいじめ・嫌がらせ、仕事量の増加などが加わり、働く人の精神をいっそう追いつめている［4］［5］。

　公務職場における非正規職員の場合、正規職員と対等とは「思わない」という回答が圧倒的多数を占めた［6］。注意しなければならないのは、このような上下関係の存在そのものが、双方に対し働くモラルや意欲の低下をもたらしているかもしれないということだ。

　"ビッグモーター事件"は、現場では、自社の儲けのためならいかなる不正もいとわないというモラルの劣化を見せつけた。1980年代以降、一貫して労働法制の規制緩和が行われてきたことと、それは無縁ではないだろう［7］。企業は労働者を自由に使い倒せるという発想が、企業の儲けのためには労働者をどんなにこきつかっても構わない、へと繋がっていったと考えられる。それは労働者の疲弊をもたらしただろう。

　教員や医療の現場では、直接的責任者である国が本気で労働環境の改善を図ろうとしているようには見えない。教員の時間外勤務が過労死ラインにへばりついているというのに、「給特法」を見直そうともしていない［8］。勤務医の2割の時間外労働が過労死ラインにあるにもかかわらず、労基署は軽度な業務に限定している「宿日直」勤務医に本格診療を行う許可を激増させた［9］。

　職場の困難を把握し、それがどこから生じているかを見極めることが一層重要になっている。

［1］精神障害の請求および支給決定件数の推移

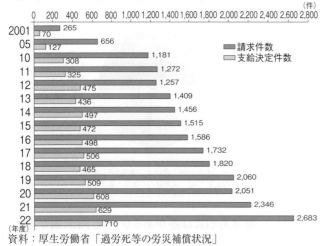

資料：厚生労働省「過労死等の労災補償状況」

［2］精神障害の時間外労働時間別（1か月平均）支給決定件数

区分 ＼ 年度	令和3年度	うち自殺	令和4年度	うち自殺
20時間未満	73(44)	8(1)	87(50)	12(0)
20時間以上〜40時間未満	31(10)	6(1)	44(15)	6(1)
40時間以上〜60時間未満	24(7)	6(0)	36(11)	6(1)
60時間以上〜80時間未満	38(9)	8(0)	34(5)	11(0)
80時間以上〜100時間未満	44(8)	14(0)	35(7)	9(0)
100時間以上〜120時間未満	41(7)	7(0)	45(11)	2(0)
120時間以上〜140時間未満	28(4)	7(0)	27(3)	3(0)
140時間以上〜160時間未満	10(1)	3(0)	14(4)	1(0)
160時間以上	35(6)	6(1)	28(5)	4(0)
その他	305(181)	14(1)	360(206)	13(4)
合計	629(277)	79(4)	710(317)	67(6)

注：①その他の件数は、出来事による心理的負担が極度であると認められる事案等、労働時間を調査するまでもなく明らかに業務上と判断した事案の件数である。②自殺は、未遂を含む件数であり、（　）は女性の件数で内数である。
資料：［1］に同じ

［3］勤務時間制度別に見た2020年10月の労働時間

	160時間未満	160〜180時間未満	180〜200時間未満	200〜240時間未満	240時間以上	合計	回答数	平均（時間）
通常の勤務時間制度	16.3%	40.5%	18.1%	18.8%	6.3%	100.0%	6,064	179.8
フレックスタイム制	15.3%	35.1%	22.3%	21.3%	6.0%	100.0%	1,379	181.4
変形労働時間制	12.7%	36.4%	21.8%	21.8%	7.3%	100.0%	275	184.5
交替制	16.1%	41.5%	21.3%	15.0%	6.1%	100.0%	492	178.2
裁量労働等	10.2%	29.9%	23.6%	24.8%	11.4%	100.0%	254	188.2
管理監督者扱い	12.9%	25.8%	19.5%	29.9%	11.9%	100.0%	318	191.6
合計	15.7%	38.7%	19.3%	19.7%	6.6%	100.0%	8,782	180.8

資料：労働政策研究・研修機構「労働時間の研究−個人調査結果の分析−」（2022）

［4］精神障害の出来事別支給決定件数

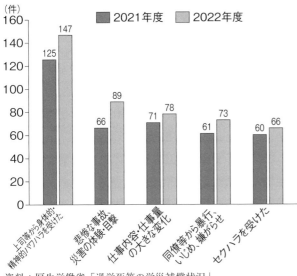

資料：厚生労働省「過労死等の労災補償状況」

［5］ハラスメントや差別の影響として あなたに起きたこと（回答数366人。複数回答）

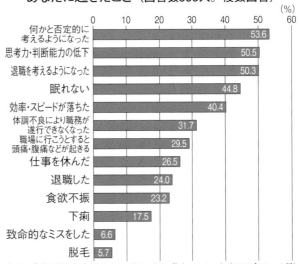

資料：「非正規公務員Voices（ヴォイセズ）」アンケート（2023年4～6月）

［6］あなたの職場では、正規職員と非正規職員が対等であると思うか

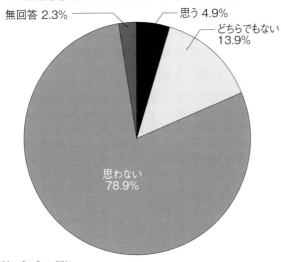

資料：［5］に同じ

［8］教職員の1か月の時間外勤務 －長野県教組の調査から－

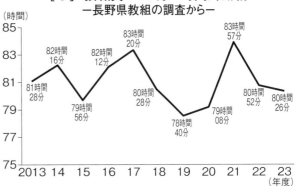

注：毎年度6月に調査、コロナ禍で2020年度のみ9月に調査。
資料：長野県教職員組合が実施した教職員勤務実態調査より

［7］おもな労働法制の規制緩和

1985年	民営の労働者派遣事業を合法化する労働者派遣法を制定
1987年	研究開発など専門業務に裁量労働制を導入する労働基準法の改悪
1996年	派遣の対象業務を16から26へ拡大する労働者派遣法の改悪
1997年	女子保護規定（18歳以上の女性の時間外・休日・深夜労働規制）を撤廃する労働基準法の改悪
1998年	裁量労働制をホワイトカラーに拡大し、一年変形労働時間制の要件を緩和する労働基準法の改悪
1999年	対象業務を原則自由化する労働者派遣法の改悪
	民間の職業紹介業を原則自由化する職業安定法の改悪
2000年	大企業のリストラ促進の会社分割制度を新設する商法の改悪
	失業給付を削減し、保険料を引き上げる雇用保険法の改悪
2003年	物の製造への派遣解禁、派遣期間の上限を3年に延長する労働者派遣法の改悪
	企画業務型裁量労働制の要件を緩和する労働基準法の改悪
2015年	専門業務を除いて原則1年、最大3年の期間制限を廃止する労働者派遣法の改悪
2018年	労働時間管理をなくす「残業代ゼロ制度」や「過労死ライン」の残業上限を認める「働き方改革」一括法の成立を強行

資料：「しんぶん赤旗」2023年8月18日

［9］医師の宿直実態

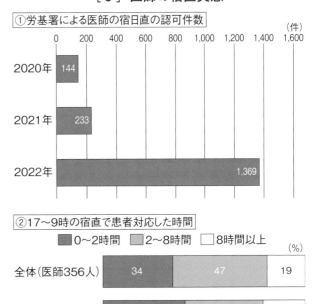

資料：①は厚生省の資料から、②は四病院団体協議会（日本病院会、全日本病院協会、日本医療法人協会、日本精神科病院協会）の調査（2018年）から

ジェンダー平等と正規・非正規などあらゆる格差の是正を

2023年6月21日に発表された「ジェンダーギャップ指数」で世界の男女平等達成率は68.4％と昨年度より0.3ポイント改善したが、日本は64.7％・146か国中125位と前回より0.25ポイント落とし過去最低の結果となった。初年度の2006年が64.5％なので改善されていないことがわかる［1］。

原因は、①「政治」分野で衆議院議員に占める女性割合が10.0％、参議院27.0％、女性首相が誕生していないこと［2］。②「経済」分野では女性の労働力率は54.2％であるが、管理職に占める割合の低さや、男女間の所得格差が大きく影響している。国税庁の2022年分民間給与実態調査によれば、平均給与は男性563万円に対して、女性314万円。正社員男性584万円に対して正規職員以外の女性166万円と大きな格差がある。また、給与所得者の給与階級別分布をみると、男性は年間給与額400万円超500万円以下が518万人、女性は100万円超200万円以下が461万人と最も多くなってい

る。厚生労働省の「令和4年賃金構造基本統計調査」でみる一般労働者賃金は、男女計31万1800円、男性34万2000円、女性25万8900円で、男女間賃金格差（男＝100）は75.7となっている。

2022年7月から301人以上の民間企業で男女賃金格差の公表を義務化した。実額を公表し、男性常勤職員と女性非正規職員の格差を公表することも必要である。

M字型雇用は崩れつつあるが、女性労働者の約5割が第一子出産後に離職し、その後は非正規の職にしか就けないL字型雇用が問題になっている［3］。介護離職も年間10万人（うち女性が7万5000人）で高止まりしている。

経済分野のジェンダー平等を進めるには、管理職の長時間労働を解消するとともに、非正規の均等待遇、仕事と家庭の両立支援、ケア労働者の待遇改善と、ケアを自己責任にするのではなく社会化し、公共化することが必要だ［4］。

［1］ ジェンダー・ギャップ指数（GGI）2023年

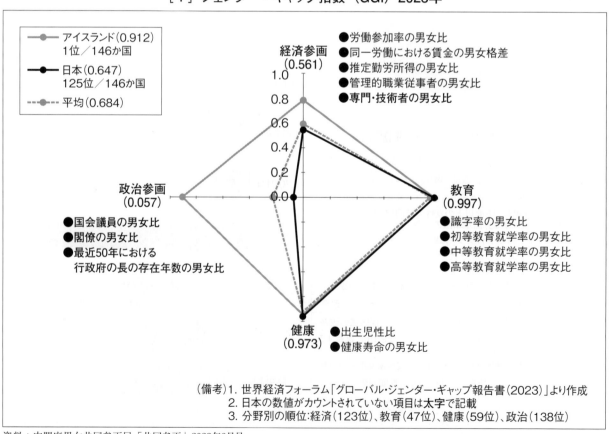

（備考）1. 世界経済フォーラム「グローバル・ジェンダー・ギャップ報告書（2023）」より作成
2. 日本の数値がカウントされていない項目は太字で記載
3. 分野別の順位：経済（123位）、教育（47位）、健康（59位）、政治（138位）

資料：内閣府男女共同参画局「共同参画」2023年8月号

［2］女性議員の比率

■ 女性　□ 男性

①国会

衆議院
- 10%（女性）
- 90%（男性）

参議院
- 27%（女性）
- 73%（男性）

②地方議会

都道府県議会
- 12%（女性）
- 88%（男性）

市区町村議会
- 16%（女性）
- 84%（男性）

注：衆議院は2023年8月5日、参議院は2023年9月6日現在の数。都道府県議会、市区町村議会は2022年12月31日現在（総務省調べ）。
資料：内閣府男女共同参画局「女性活躍・男女共同参画の現状と課題」より

［3］年齢階級別・労働力人口比率と正規雇用比率

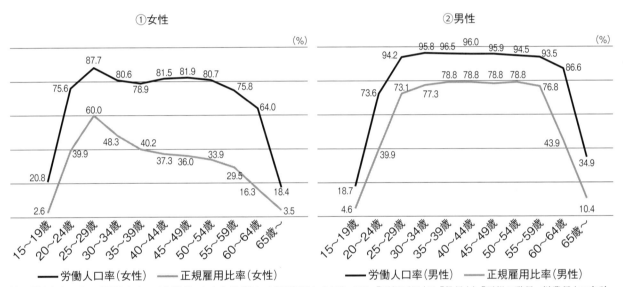

注：労働力人口率は「労働力人口（就業者+完全失業者）」／「15歳以上人口」×100。「正規雇用」は「役員」と「正規の職員・従業員」の合計。
資料：内閣府男女共同参画局「令和5年版男女共同参画白書」より作成

［4］男女別に見た生活時間の国際比較（週全体平均、1日当たり）

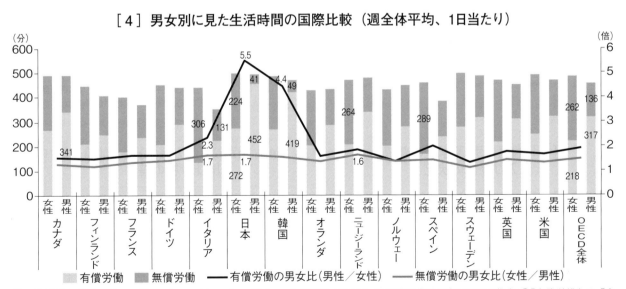

注：①OECD「Balancing paid work,unpaid work and leisure」（2020）をもとに、内閣府男女共同参画局にて作成。②「有償労働」は「有償労働（すべての仕事）」、「通勤・通学」「授業や講義、学校での活動等」「調査・宿題」「求職活動」「その他有償労働・学業関連行動」の時間の合計。「無償労働」は、「日常の家事」「買い物」「世帯員のケア」「非世帯員のケア」「ボランティア活動」「家事関連活動のための移動」「その他の無償労働」の時間の合計。③調査は2009～2018年の間に実施している。
資料：内閣府男女共同参画局「令和2年版男女共同参画白書」

青年の処遇改善で少子化対策の拡充を

岸田首相は「異次元の少子化対策」に挑戦すると述べ、若者・子育て世代の所得増など打ち出しているが、世界第3位の経済大国を維持するためのラストチャンスなどと謳い、少子化対策を経済成長のための手段としか見ていない。実態も教育無償化に背を向けた授業料の「出世払い制度（授業料後払い制度）」など財源を社会保障の削減で対立を生み出す本末転倒さを含む不十分なものだ。

20歳代の若者の死因のトップは自殺で、3089人（2022年）にものぼる。その原因はうつ病や勤務の問題が多い。今調査より統計の項目に「奨学金の返済」が追加され、20歳から39歳で8人（全年代で10人）が「奨学金返済苦」を理由にしている［1］。近年は企業の奨学金返還支援（代理返還）の導入が推進され、JMITUや生協労連などの単組の要求で企業に支援させる制度を勝ち取っている［2］。進学のために奨学金を利用する学生は5割に達することからみても、給付型奨学金の拡充と教育無償化の実現は急務である［3］。

ここ10年の初任給引き上げは大卒で2万8900円、高卒で2万3300円と消費税の引き上げや物価・教育費の高騰に追いついていない［4］。20年前と比較して賃金が減少［5］。一方で20年前と比較して負担増が続き、生涯賃金も減少している［6］［7］。そのため、親より経済的に豊かになれないと思う若年層は3割にのぼる［8］。6歳までの子どもを持つ既婚男女がさらに子どもが欲しいと回答した割合は低い［9］。同調査では自身の給与アップや教育費の負担が少なければさらに欲しいと回答していることからみても、国が本来少子化対策として行うべきは、国民一人ひとりの幸福に向き合い労働者の権利保障やジェンダー平等の実現で子どもを安心して生み・育てることができる環境をつくり上げることだ［10］。

青年が将来に希望をもって生き、働き続けるには、経済的な安定と労働環境の整備が欠かせない。

［1］20〜39歳の自殺の原因・動機

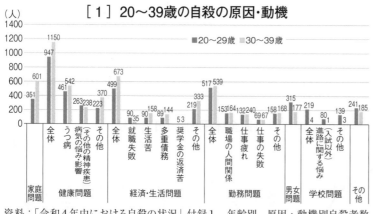

資料：「令和4年中における自殺の状況」付録1　年齢別、原因・動機別自殺者数より作成

［2］企業の奨学金返還支援〔代理返還〕への対応（抜粋）

奨学金返還支援（代理返還）

機構の貸与奨学金（第一種奨学金・第二種奨学金）を受けていた社員に対し、企業が返還額の一部又は全部を機構に直接送金することにより支援。

本制度を利用する場合（企業から機構へ直接送金すること）の課税等の関係

①【所得税】非課税となり得ます。
②【法人税】給与として損金算入できるほか、「賃上げ促進税制」の対象になり得ます。
③【社会保険料】原則として、標準報酬月額の算定のもととなる報酬に含めません。

資料：日本学生支援機構HPより

［3］設置者別・奨学金の希望及び受給の状況

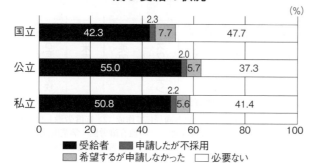

資料：日本学生支援機構「令和2年度学生生活調査」

［4］決定初任給と最低賃金（加重平均）の引き上げ額の差

	高校卒	大学卒	最低賃金（加重平均）	
			全国加重平均×173.8	
2012年	157,900円	199,600円	749円	130,176円
2022年	181,200円	228,500円	1,004円	174,495円

10年間の引き上げ額

	高校卒	大学卒	最低賃金
	23,300円	28,900円	44,319円

資料：厚生労働省「2022（R4）賃金構造基本統計調査」をもとに作成

［5］ 学歴別にみた賃金（20年前との比較）

(万円、年額)

年齢階級	高卒・男性			大卒・男性			高卒・女性			大卒・女性		
	2003年	2022年	差額	2003年	2022年	差額	2003年	2022年	差額	2003年	2022年	差額
年齢計	305.1	297.5	−7.6	399.8	392.1	-7.7	205.2	222.9	17.7	277.6	294.0	16.4
～19歳	168.7	188.2	19.5	−	−	−	155.1	178.7	23.6	−	−	−
20～24歳	193.5	211.4	17.9	220.5	235.1	14.6	171.5	193.5	22.0	204.3	232.1	27.8
25～29歳	229.2	239.2	10.0	256.8	272.8	16.0	190.1	205.3	15.2	236.8	255.9	19.1
30～34歳	267.2	263.8	−3.4	323.1	319.3	-3.8	206.4	214.4	8.0	291.4	279.2	−12.2
35～39歳	301.6	287.2	−14.4	404.2	375.5	−28.7	211.8	220.2	8.4	342.6	307.2	−35.4
40～44歳	332.6	311.2	−21.4	463.8	414.8	−49.0	213.4	229.2	15.8	377.1	327.6	−49.5
45～49歳	358.6	335.4	−23.2	507.1	455.4	−51.7	215.0	234.7	19.7	378.7	343.4	−35.3
50～54歳	375.3	346.4	−28.9	540.5	500.0	−40.5	222.3	240.2	17.9	401.3	364.2	−37.1
55～59歳	370.4	350.3	−20.1	548.2	513.8	−34.4	223.3	242.1	18.8	438.0	375.7	−62.3

資料：厚労省「賃金構造基本統計調査」をもとに筆者作成

［6］ 20年前と今、こんなにも違う

対象	20年前	今	差額	対象	20年前	今	差額
ガソリン代（1リットル）	107円	182円	+75円	平均給与（男性）	544万円	545万円	+1万円
マクドナルドハンバーガー	84円	170円	+86円	平均給与（女性）	275万円	302万円	+27万円
TDL入場料	5500円	1万900円	+5400円	最低賃金（加重賃金）	664円	1004円	+340円
USJ入場料	5500円	1万400円	+4900円	退職金	2499万円	1983万円	−516万円
国民負担率*	34.10%	46.80%	12.7%増	国立大学授業料／年	52万800円	53万5800円	+1万5000円
消費税	5%	10%（一部8%）	5%増税				

注：国民負担率＝租税と社会保障負担を合わせた義務的な公的負担の国民所得に対する比率。
資料：筆者作成

［7］ 生涯賃金（同一企業型*）の逓減
（60歳まで、退職金を含めない）

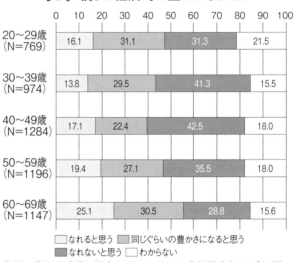

注：新卒から定年まで同一企業に勤務した場合の推計値
資料：JILLPT「ユースフル労働統計2022」より作成

［8］ 親より経済的に豊かになれるか

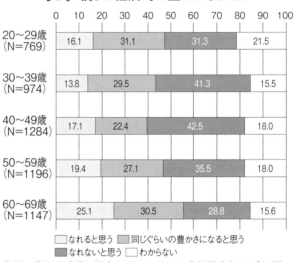

資料：暮らしと意識に関するNHK・JILPT共同調査（2023年3月）

［9］ 子どもを望む気持ちの推移

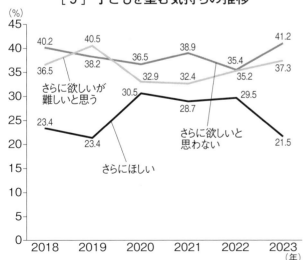

資料：明治安田生命「子育てに関するアンケート」

［10］ どうすれば子どもをさらに欲しいと思えるか

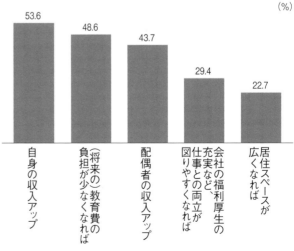

資料：［9］に同じ

労働時間の規制強化を実効あるものに

　厚生労働省「毎月勤労統計調査」（「毎勤統計調査」）によると、2022年度の1人平均総実労働時間（労働者全体）は、前年度より12時間多い1722時間となり、コロナ禍前の2019年度の水準（1732時間）に近づいた［1］。

　「毎勤統計調査」では製造業雇用労働者の年間労働時間（2022年）は1912時間であるが、事業所調査である「毎勤統計調査」では超過労働時間を過少に申告する傾向が強い。これに対し、労働者本人を調査対象とした総務省「労働力調査」では2133時間と221時間も多くなっている［2］。1日8時間労働とすると1か月分近く労働時間が長いことになり、この傾向は長年変わっていない。

　主要国（日本、アメリカ、イギリス、フランス、ドイツ）の雇用者1人当たり平均年間総実労働時間を見ると、日本は「毎勤統計調査」ではアメリカの労働時間を190時間近く下回っているが、「労働力調査」では100時間、調査対象者が1日の生活時間を15分単位で回答する「社会生活基本調査」にいたっては265時間も上回っている［3］。日本は、ドイツ、フランス、イギリスと比べると、異常ともいえる長時間の国であることがこのグラフから一目瞭然である。

　上記の反映でもあるが、週49時間以上働く長時間労働就業者の割合を見ると、日本は北欧・西欧諸国と比べるとその高さは明らかである［4］。

　週40時間労働として、1か月の時間外労働が80時間（週労働時間が60時間）は過労死ラインとされるが、週35時間以上就業者に占める週60時間以上就業者（男性）は、運輸業、郵便業および宿泊業、飲食サービス業で19％以上と、高い割合になっている［5］。

　100万円以上の割増賃金の是正支払額は年々減少傾向にはあるが、2022年でも約56億円と高い水準にある［6］。賃金不払い残業は根絶させなければならない。

[1] 就業形態別労働者1人平均年間労働時間の推移

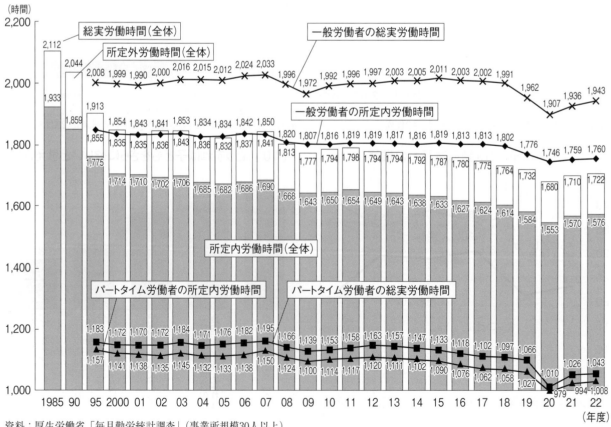

資料：厚生労働省「毎月勤労統計調査」（事業所規模30人以上）

[2] 年間労働時間の差 (製造業雇用労働者)

注：事業所規模30人以上
資料：厚生労働省「毎月勤労統計調査」、総務省「労働力調査」

[4] 長時間労働就業者の割合 (2021年)

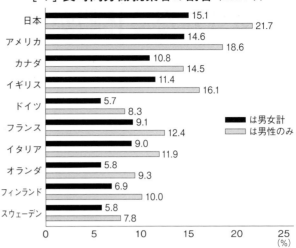

注：週労働時間が49時間以上の就業者 (全産業。パートタイムを含む)。
　　イギリスの数値は2019年。
資料：労働政策研究・研修機構『データブック国際労働比較2023』

[3] 主要国の1人当たり平均年間総実労働時間 (雇用者) の比較

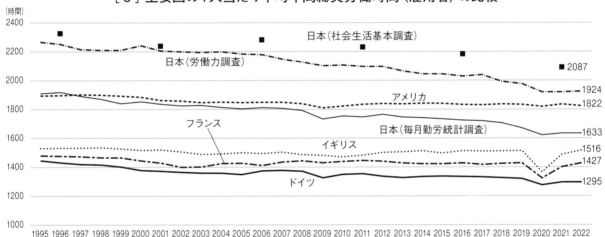

注：①フランス、ドイツ、イギリス、アメリカのデータはOECD Databaseより取得 (データ参照日時：2023年9月29日13:14 (GMT))
　　②日本 (毎月勤労統計調査) は厚生労働省「毎月勤労統計調査」の各年平均値 (5人以上規模の非農林業事業所を対象)
　　③日本 (労働力調査) は総務省「労働力調査」基本集計結果の非農林業雇用者の各月最終週の「就業時間」数から年間就業時間を推計
　　④日本 (社会生活基本調査) は総務省「社会生活基本調査」(5年毎に実施、最新実施年は2021年) の雇用者の1週間の「仕事時間」から年間「仕事」時間を推計
資料：OECD Database、日本総務省「労働力調査」、「社会生活基本調査」、厚生労働省「毎月勤労統計調査」をもとに鷲谷徹氏が作成

[5] 月末1週間の就業時間が60時間以上の雇用者の割合 (産業別)

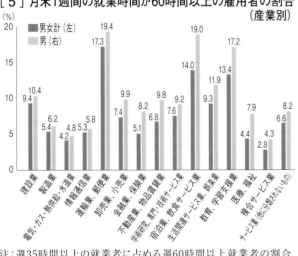

注：週35時間以上の就業者に占める週60時間以上就業者の割合
　　(「基本集計」第Ⅱ-2表より作成)。鉱業、採石業、砂利採取業は
　　0%のため、図からは省略した。
資料：総務省「労働力調査」2022年

[6] 100万円以上の割増賃金の是正状況の推移

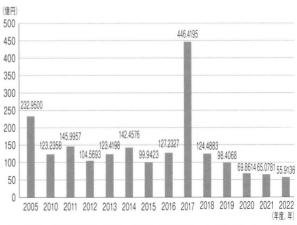

注：全国の労働基準監督署における定期監督、申告監督によって合計
　　100万円以上の割増賃金の是正支払いがなされたもの (2021年度
　　までは各年度4月から3月までの1年間の是正支払額。2022年は
　　1月から12月までの1年間のもので、集計期間が異なっている)。
資料：厚生労働省労働基準局監督課発表

気兼ねなく休暇が取得できる環境を

　厚生労働省「就労条件総合調査」によると、2023年の年次有給休暇の取得率は62.1％と前年（58.3％）を上回り、初めて６割台の水準に乗せた[1]。しかし、政府が「過労死等防止対策大綱」で掲げた目標（2020年までに年休取得率70％以上）には遠く及ばないうえに、「宿泊業、飲食サービス業」は４割台にとどまり、「建設業」「運輸、郵便業」「卸売業、小売業」「教育、学習支援業」も50％台となっているなど、産業間および企業規模間の格差が大きいのが実態である[2]。

　旅行会社・エクスペディアが発表している「世界有給休暇・国際比較調査」によると、日本は取得日数が中位程度となっているが、先進諸国のなかでは依然として低い水準にとどまっている[3]。同調査では、「休暇中に（職場との）連絡を遮断しない」人の割合も調べているが、日本は38％で２位以下の国を大きく上回っている[4]。同調査のコメントでは、休暇取得に対する後ろめ

たさを指摘しているが、権利を気兼ねなく行使できる法制度、職場環境の整備が必要である。

　エクスペディア調査によると、日本では毎月有給休暇を取得する人の割合が他の諸国に比べて高くなっている。それは「就労条件総合調査」によると、病気休暇制度を導入している企業は全体で２割余り（22.7％）に過ぎないことに示されるように、病気になった時や子どもの学校行事への参加のために有給休暇をとっておくという人が多い実態などの反映と考えられる[5]。

　労働総研の試算によると、所定外労働時間の削減による雇用増加効果は354万人分、年次有給休暇の完全取得による雇用増加効果は138万人分にも及ぶ[6]。人間らしい生活の実現とともに、安定した雇用の場の増加のためにも、年次有給休暇の完全取得を含めた労働時間短縮は不可欠の課題である。

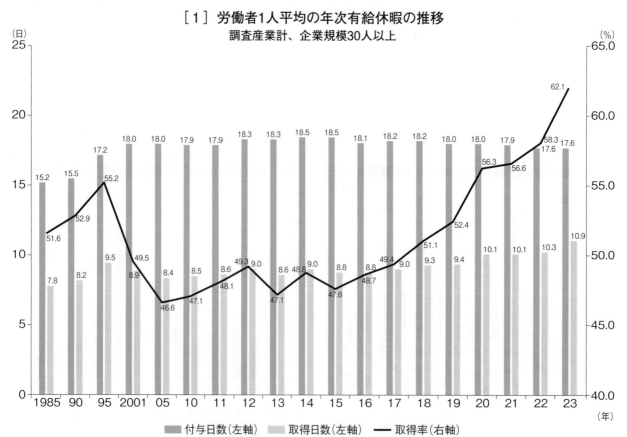

[１]　労働者1人平均の年次有給休暇の推移
調査産業計、企業規模30人以上

凡例：付与日数（左軸）　取得日数（左軸）　取得率（右軸）

資料：厚生労働省「就労条件総合調査」（1999年までは労働省「賃金労働時間等総合調査」で各年12月時点調査。2000年から「就労条件総合調査」。後者は1月1日時点調査となったため、2000年の数値はない。

［２］労働者1人平均年次有給休暇の取得率
（企業規模別・産業別）

区分	(%)
全体	62.1
1,000人以上	65.6
300～999人	61.8
100～299人	62.1
30～99人	57.1
鉱業、採石業、砂利採取業	63.5
建設業	57.6
製造業	65.8
電気・ガス・熱供給・水道業	73.7
情報通信業	63.5
運輸業、郵便業	59.1
卸売業、小売業	55.5
金融業、保険業	63.4
不動産業、物品賃貸業	61.3
学術研究、専門・技術サービス業	64.2
宿泊業、飲食サービス業	49.1
生活関連サービス業、娯楽業	62.3
教育、学習支援業	54.4
医療、福祉	65.3
複合サービス業	74.8
サービス業(他に分類されないもの)	65.4

資料：厚生労働省「就労条件総合調査」2023年

［３］世界各国の有給休暇取得状況

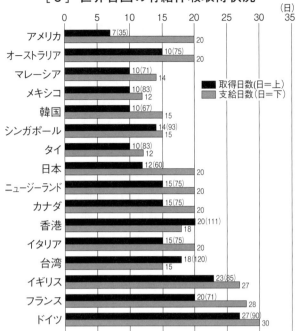

（日）

■取得日数(日＝上)　▨支給日数(日＝下)

国	取得日数	支給日数
アメリカ	7(35)	20
オーストラリア	10(75)	20
マレーシア	10(71)	14
メキシコ	10(83)	12
韓国	10(67)	15
シンガポール	14(93)	15
タイ	10(83)	12
日本	12(60)	20
ニュージーランド	15(75)	20
カナダ	15(75)	20
香港	20(111)	18
イタリア	15(75)	20
台湾	18(120)	15
イギリス	23(85)	27
フランス	20(71)	28
ドイツ	27(90)	30

注：取得日数のカッコ内数字は取得率（%）
資料：エクスペディア「世界16地域　有給休暇・国際比較調査2022」

［４］「休暇中に連絡を遮断しない」人の割合

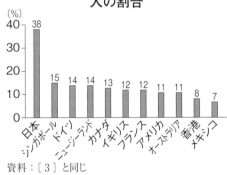

（%）

国	%
日本	38
シンガポール	15
ドイツ	14
ニュージーランド	14
カナダ	13
イギリス	12
フランス	12
アメリカ	11
オーストラリア	11
香港	8
メキシコ	7

資料：［３］と同じ

［５］特別休暇制度の有無、種類別企業割合

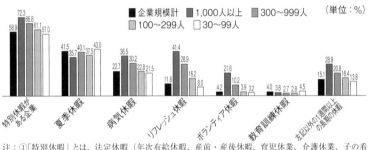

（単位：%）

■企業規模計　■1,000人以上　▨300～999人
▨100～299人　□30～99人

	企業規模計	1,000人以上	300～999人	100～299人	30～99人
特別休暇がある企業	58.9	72.3	66.8	61.1	57.0
夏季休暇	41.5	35.7	40.1	37.5	43.0
病気休暇	22.7	36.5	30.2	22.8	21.5
リフレッシュ休暇	11.8	41.4	28.9	16.2	8.0
ボランティア休暇	4.2	21.6	10.2	3.9	3.2
教育訓練休暇	4.0	3.6	2.7	2.8	4.5
左記以外の1週間以上の長期の休暇	15.1	28.9	20.8	16.4	13.8

注：①「特別休暇」とは、法定休暇（年次有給休暇、産前・産後休暇、育児休暇、介護休暇、子の看護のための休暇等）以外に付与される休暇で、就業規則等で制度（慣行も含む）として認められている休暇をいう。②図中、「夏季休暇」以降は「特別休暇制度がある企業」の内数（複数回答）。
資料：［２］と同じ

［６］所定外労働時間削減など労働時間短縮による雇用創出の試算（2022年）

	雇用者数 (A)	完全週休2日制の実施による雇用増	所定外労働時間の削減による雇用増			年次有給休暇完全取得による雇用増			雇用増加数合計
			所定外労働時間(B)	所定内労働時間(C)	雇用増加数(B)×(A)/(C)	年休未消化日数(D)	年間出勤日数(E)	雇用増加数(D)×(A)/(E)	
	万人	万人	時間	時間	万人	日	日	万人	万人
鉱業、採石業、砂利採取業	1	0.0	14.9	140.5	0.1	7.6	221.6	—	0.1
建設業	161	0.4	18.7	146.8	20.5	8.3	223.3	6.0	26.9
製造業	824	0.2	16.0	143.3	92.0	6.9	217.5	26.1	118.3
電気・ガス・熱供給・水道業	23	0.0	16.2	138.9	2.7	5.5	216.5	0.6	3.3
情報通信業	219	0.0	16.5	140.3	25.8	6.9	213.9	7.1	32.9
運輸業、郵便業	277	1.5	22.1	140.1	43.7	7.0	219.8	8.8	54.0
卸売業、小売業	702	0.8	8.3	126.9	45.9	8.8	208.4	29.6	76.3
金融業、保険業	144	0.0	14.4	131.1	15.8	8.6	207.4	6.0	21.8
不動産業、物品賃貸業	71	0.3	13.3	133.5	7.1	7.7	215.5	2.5	9.9
学術研究、専門・技術サービス業	109	0.2	15.7	141.1	12.1	7.5	213.3	3.8	16.1
宿泊業、飲食サービス業	213	0.9	6.3	93.2	14.4	8.2	165.8	10.5	25.8
生活関連サービス業、娯楽業	103	0.0	7.0	115.4	6.2	7.4	194.2	3.9	10.1
教育、学習支援業	117	0.0	11.5	117.3	11.5	9.0	187.8	5.6	17.1
医療、福祉	557	0.0	6.1	131.4	25.9	6.5	208.3	17.4	43.3
複合サービス事業	47	0.2	12.5	136.5	4.3	5.4	220.2	1.2	5.7
サービス業(他に分類されないもの)	288	0.5	11.1	124.8	25.6	6.2	203.8	8.8	34.9
計	3,856	5.0			353.6			137.9	496.5

注：①雇用者数（A）は、非農林業、従業員規模30人以上（公務を除く）。
　　②年間出勤日数（E）は、年次有給休暇を完全に取得した場合の日数。
資料：厚生労働省「就労条件総合調査」、総務省統計局「労働力調査」、厚生労働省「毎月勤労統計調査」、各2022年版

暮らし支える行政へ、官製ワーキングプア根絶・ジェンダー平等を

日本の公務員人件費はOECDで2004年から2021年まで18年連続で最低である。公務員人件費が日本の財政赤字の原因であるかのような主張があるが、人件費が高いデンマークなど北欧諸国の財政赤字の方が少ないという事実によってデタラメな主張であることがわかる[1]。実際、日本の国家公務員の人件費は半減しているが財政赤字は2.3倍に増えている[2]。また、総雇用者数に占める公務員数で見ても日本はOECD最低で31か国平均の4分の1以下と極端に少ない[4]。

公的部門のマンパワーが飛び抜けて最少である日本は最も「公助」が弱い「自助」「自己責任」の国である。それにもかかわらず政府は国家公務員の常勤定員を5年で10%以上削減する方針を継続し非常勤職員が多くなっている[3]。省庁別で最も多いのが厚労省で2022年の非常勤職員は4万625人で常勤職員3万2129人に対し8496人も多く55.8%の職員が官製ワーキングプア状態に置かれ、

3年に1度の「パワハラ公募」など雇用不安にさらされている。非常勤以外にも国の職場には派遣労働者など人数さえ把握されていない非正規労働者が多数働いている。加えて低コスト最優先のもと民間委託などのアウトソーシングが行われ労働者の賃金低下と不安定雇用を増大させ行政サービスの劣化をもたらしている。行政を劣化させ政府みずから貧困と雇用不安を生む官製ワーキングプアは直ちに根絶すべきである。

非常勤職員の68%は女性で逆に正規職員はわずか23%しか女性がいない[5]。主要国の公的部門は女性が6〜7割を占め民間部門の手本となることでジェンダー差別を改善させる役割を果たしているのに、日本は政府みずからがジェンダー差別を行っている。このジェンダー差別に加え、日本は市民の暮らしを支える公的支出が低い[6]。ジェンダー平等と市民の暮らしを守る行政への転換が求められる。

［1］日本の公務員・公的部門職員の人件費は18年連続OECD最低
国・自治体の人件費と財政赤字（対GDP比）

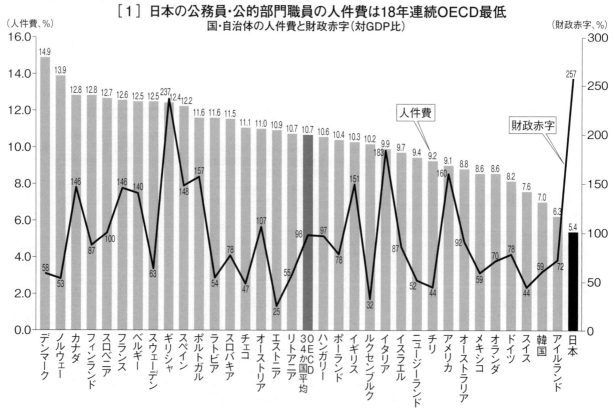

注：①公務員人件費は、各国の国家公務員・地方公務員・公的部門職員の2021年の人件費（対GDP比）
　　②日本の場合、公務員人件費には、国家公務員・地方公務員だけでなく、独立行政法人や国立大学法人など公法人の人件費も含まれる。
　　③各国の国・自治体の財政赤字は2021年の対GDP比
資料：OECD.Stat

［2］国家公務員人件費は半減、財政赤字は2.3倍

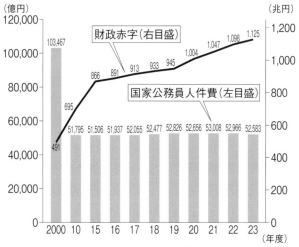

注：2000年から2010年にかけての半減は①国立大学・研究機関・病院等の独法化②郵政民営化等による。
資料：内閣人事局「国家公務員の給与」（自衛官の人件費を含む）、財務省「長期債務残高の推移」（国のみ）

［3］職員数と非常勤職員割合の推移（国家公務員）

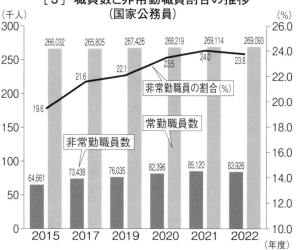

注：①職員数は一般職国家公務員の各年7月1日の在職者数。
　　②非常勤職員数は、非常勤職員数の合計から「委員顧問参与」「保護司」「水門等水位観測員」等を除いたもの。
資料：内閣人事局「一般職国家公務員在職状況統計」（各年版）

［4］日本の公務員数はOECD最低、31か国平均の4分の1
―総雇用者数に占める公務員数の割合―

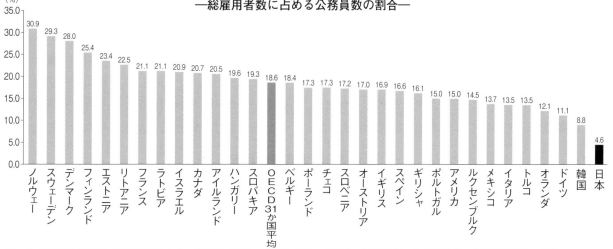

注：①各国2021年の総雇用者数に占める公務員数の割合。公務員数は、各国の国家公務員・地方公務員・公的部門職員の合計。
　　②日本の場合、公務員数には、独立行政法人や国立大学法人など公法人の職員数も含まれる。
資料：OECD「Goverment at a Glance 2023」

［5］国家公務員の女性の割合 正規23%・非正規68%
―男女職員数と女性の占める割合―

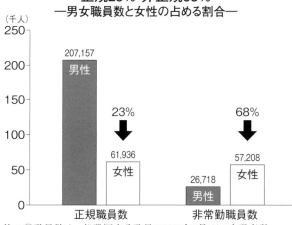

注：①職員数は一般職国家公務員の2022年7月1日の在職者数。
　　②非常勤職員数は、非常勤職員数の合計から「委員顧問参与」「保護司」「水門等水位観測員」等を除いたもの。
資料：内閣人事局「一般職国家公務員在職状況統計」（2022年版）

［6］日本は暮らしを支える公的支出が低い

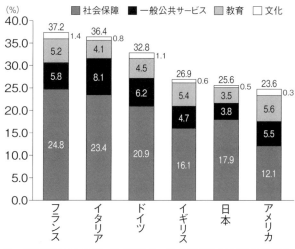

注：各国2021年の政府・地方自治体・社会保障基金による公的支出。対GDP比（%）。
資料：OECD.Stat

4 公共を取り戻し、安心・安全な社会を

相次ぐ自然災害と求められる防災対策の強化

東日本大震災から12年がすぎた。いまだ855市町村に３万115人が避難生活を続け、736戸が仮設住宅等に入居している。故郷や元の生活に戻りたいという思いは実現されていない［1］。

気候危機により地震、津波、台風、水害、噴火、高潮、豪雪などの災害への備えが必要とされる。内閣府と民間企業４社との災害応急対応に関する協定の締結が行われた。人権の保障と避難所でのコロナ感染症やジェンダー対応、避難所外の避難者の安全確保や支援が求められる［2］。

巨大災害が世界的に増大し、日本でも豪雨や地震による災害があいついでいる。気温上昇傾向は日本でも顕著となっており、1990年代後半から最高気温が35度を超える猛暑日の日数が急増。それにあわせて、１時間降水量が50mmを超える豪雨の回数も増加し続けている［3］。

地震災害も増加している。震度階級改定（1996年）以降のデータで見ても、2000年以降の巨大地震が増加傾向にある。震度改定前とはいえ、記録の残っている1923年から95年までの間で震度６以上の地震がわずか16回であったことと比較すれば、巨大地震の頻度は増加している［4］。

自然災害が頻発するなか、住民を守る地方自治体の役割が明らかになっている。地方自治体の職員数は、1994年以降22年連続で削減した。2020年以降はコロナ危機などもあり微増しているが、横ばい傾向のままである。地方自治体が担う公務公共サービスの多くが民間委託化されてきた。職員が大幅に減らされ、民間委託の結果、災害発生時に対応する人員や能力が不足して、復旧・復興の障害になっている［5］［6］。

被災者が生活や住居の再建を行うためには公的な支援が重要である。国は自助・共助を優先させ、公助を縮小しようとしている。被災者生活再建支援金は全壊でも300万円である。公的支援制度を一層拡充させていくことが求められる［7］［8］。

［１］東日本大震災の状況

発生日時	2011年3月11日　14時46分
マグニチュード／地震型	9　／海溝型
震度6以上県数	8県（宮城、福島、茨城、栃木、岩手、群馬、埼玉、千葉）
津波	最大波　相馬9.3m以上、宮古8.5m以上、大船渡8.0m以上
死者／行方不明者	死者19,765名（災害関連死を含む）／行方不明者2,553名（2023年3月9日現在）
住家被害（全壊）	122,039戸（2023年3月9日現在）
災害救助法の適用	241市区町村（10都県）
仮設住宅等の入居戸数	736戸（2022年4月現在）
避難者数	30,115名（855市町村）（2023年8月1日現在）

資料：復興庁ホームページより作成

［２］内閣府と民間企業4社との災害応急対策に関する協定の締結

概要
頻発化・激甚化する自然災害に対して、官民の連携を強化し、災害対応をより適切かつ迅速なものとするため、内閣府（防災担当）は、今般、株式会社サカイ引越センターからの提案を受けて、関連する企業等と調整した結果、運輸業の佐川急便株式会社、引越業のアートコーポレーション株式会社、株式会社サカイ引越センター、株式会社引越社との間で、災害時における物資支援業務等の災害応急対策に関する協定を締結する。

災害応急対策の業務内容

避難所における段ボールベッド等の組立て業務	保有資材等を活用した緊急時簡易型ベッドの供給業務
・被災地の避難所において、国が供給する段ボールベッド等の設営に関する体制の確保が困難な場合、内閣府の要請を受けた各社は、設営業務の支援を速やかに実施する。	・大規模災害時など、段ボールベッド製造事業者による供給のみでは、被災地の需要に対し段ボールベッドが充足できない事態が想定される場合、内閣府の要請を受けた各社は、自社が保有する資材等を活用した簡易型ベッドを速やかに供給する。

資料：内閣府（防災担当）発出「官民の連携を強化し災害対応をより適切かつ迅速に～内閣府と民間企業4社との災害応急対策に関する協定の締結について」（2011年11月）

［3］ 1時間降水量50mm以上の年間発生回数
（アメダス）

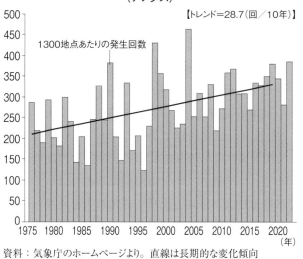

資料：気象庁のホームページより。直線は長期的な変化傾向

［4］ 日本における最大震度6弱以上の地震の発生回数

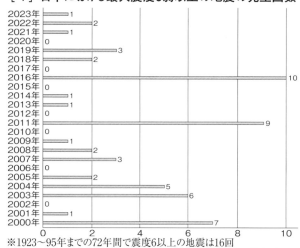

※1923～95年までの72年間で震度6以上の地震は16回
資料：気象庁Webサイトの「震度データベース」より独自に作成（2000～2023年9月末まで）

［5］ 地方公共団体の総職員数の推移
（1994～2022年）

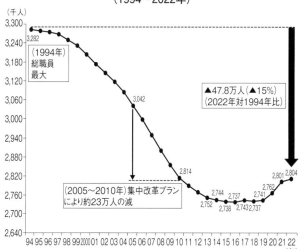

資料：総務省「令和4年地方公共団体定員管理調査」

［6］ 受付事務手続等を遂行する上で時間を要した原因

担当部署が決まっていなかった	1	8.3%
対応人員が不足していた	3	25.0%
申請処理の理解が不足していた	4	33.3%
申請書類の確認に時間を要した	3	25.0%
申請処理の手続きが整理されていなかった	4	33.3%
申請件数が膨大であった	3	25.0%
特になし	4	33.3%
その他	2	16.7%
無回答	2	16.7%
回答数	12	100.0%

資料：内閣府（防災担当）平成30年度被災者生活再建支援法関連調査報告書より

［7］ （独）住宅金融支援機構が融資を行った「半壊」世帯の修理費（災害復興住宅融資）

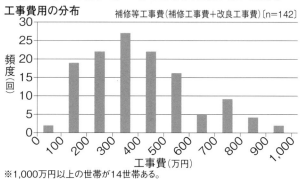

※1,000万円以上の世帯が14世帯ある。

■「半壊」住宅の補修等工事に要した費用の最頻値は、300万円以上4000万円未満	融資を行った世帯の工事費の平均 348万円

注：（独）住宅金融支援機構が、平成27年から平成29年の3か年に融資を行った「半壊」世帯について、補修等工事費（災害により被災した箇所を補修するための工事費と、被災箇所以外の箇所を改良するための工事費の合計額）を取りまとめたデータ。
資料：内閣府（防災担当）「被災者生活再建支援制度の在り方に関する実務者会議」検討結果報告（令和2年7月）より

［8］ （独）住宅金融支援機構が融資を行った「全壊」世帯の修理費（災害復興住宅融資）

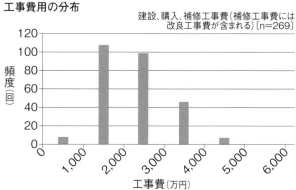

※6,000万円以上の世帯はない。

■「全壊」住宅の補修等工事に要した費用の最頻値は、1,000万円以上2,000万円未満	融資を行った世帯の工事費の平均 1,453万円

注：（独）住宅金融支援機構が、平成27年から平成29年の3か年に融資を行った「全壊」世帯について、建設、購入、補修工事費を取りまとめたデータ。
資料：［7］に同じ

教育に穴があくことで犠牲にされる子どもたち

教職員未配置の数は、前年度同時期と比較しても２倍以上と深刻さを増している。「週27時間の授業を行うことになる」「家庭科の授業が受けられなくなる」「寄宿舎指導員が見つからず校内でカバー」など、学校現場は限界を超えている。子どもの学習権にもかかわる重大な問題である。教職員未配置の改善・解消のため、処遇改善や正規教職員の大幅増員などの施策が求められる［1］。

また、学校基本調査によれば、2011年度から2022年度までに公立小中学校教職員数は約0.8万人減っている。一方、文部科学予算では約３万人が定数削減されているので、その差約2.2万人を、地方自治体が独自に教職員を配置していることになる［2］。

他方で、義務標準法の改正により、小学校35人以下学級が進み、2023年度は小学校４年生まで前進した。少人数学級を求める声は多く、各自治体では独自の少人数学級を実施しているが自治体間格差も大きい。国の責任で中学校・高校も含めて、さらなる前進が求められる［3］。

日本の高等教育の学費（年額）は私立大学で約130万円、公立大学で約60万円と高い（日本学生支援機構学生生活調査2020年）。OECDの調査によると、高等教育における私費負担の割合について日本はOECD平均と比べて非常に大きくなっている。学費負担の軽減は急務の課題である［4］。

大学・短大・専門学校などの学生約148万人が利用する日本学生支援機構の奨学金。その大半が「貸与制」で卒業後に返済しなければならない「借金」である。給付奨学金制度を大きく広げることが求められている［5］。

2020年、日本の公財政教育支出の対GDP比は3.0％で、OECD加盟38か国中で下から２番目。OECD諸国平均4.3％まで教育予算を増やせば、小・中学校の35人以下学級、幼稚園から大学までの教育無償化などを実現することができる［6］。

［1］教育に穴があく── 教職員未配置の調査結果

(人)

| 校　種 | 定数の欠員 | 途中退職による欠員 | 代替者の欠員 | | | | 代替者の欠員合計 | 不明 | 産育休代替前倒し加配の欠員 | その他加配の欠員 | 短時間勤務・時間講師 | 教員合計 | 教員以外 | 教職員合計 |
			産育休	病休	看休	他、不明								
小学校	258	5	87	54	2	157	300	322	19	55	83	1,042	21	1,063
中学校	188	2	26	26	1	46	99	205	2	38	71	605	17	622
小中一貫校	0	0	0	0	1	0	1	0	0	0	0	1	0	1
高　校	80	1	18	13	0	3	34	37	2	0	13	167	0	167
特別支援学校	61	0	18	6	1	109	134	26	0	0	8	229	8	237
不　明	0	0	0	0	0	0	0	15	23	0	0	38	0	38
合　計	587	8	149	99	5	315	568	605	46	93	175	2,082	46	2,128

注：19都道府県、4政令市から集約
資料：全教・教組共闘連絡会による「教育に穴があく（教職員未配置）」実態調査結果（2022年5月）より

［2］ 2011年を起点としたときの教職員定数の推移

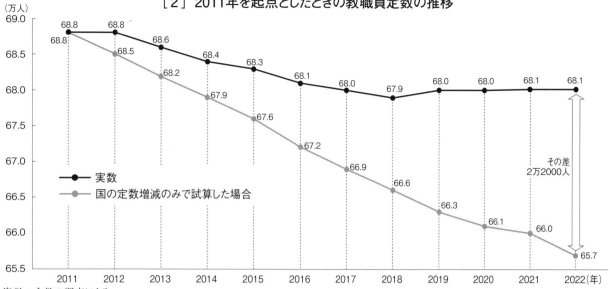

資料：全教の調査による

［3］ 全国の少人数学級

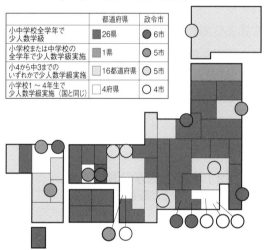

	都道府県	政令市
小中学校全学年で少人数学級	26県	6市
小学校または中学校の全学年で少人数学級実施	1県	5市
小4から中3までのいずれかで少人数学級実施	16都道府県	5市
小学校1〜4年生で少人数学級実施（国と同じ）	4府県	4市

資料：全教教財部調べ（2023,6,29改訂）。全教教財部調査および文科省資料および各教育委員会等への聞き取りにより作成

［4］ 高等教育の私費負担割合（2020年）

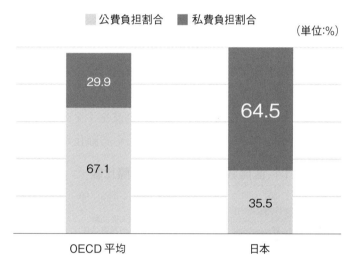

公費負担割合　　私費負担割合

（単位：%）

資料：OECD「Education at a Glance 2023」

［5］ 奨学金の給付および貸与状況
（総数約148万人＝2021年度）

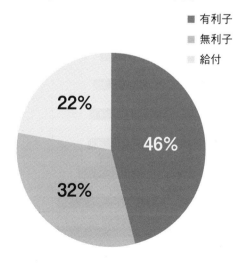

有利子　無利子　給付

資料：日本学生支援機構の資料から全教作成

［6］ 教育予算公財政支出対GDP比（2020年）

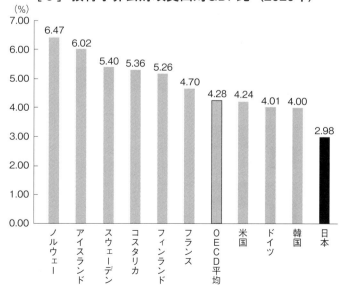

資料：［4］に同じ

医療、公衆衛生、介護の体制拡充で安全・安心の確立を

コロナ禍で入院患者が受け入れられないケースが生じ、「医療崩壊」が起こった。なぜ病床がひっ迫したのか。原因の一つは、欧州では多くの病院が大規模な公的病院であり、行政の意向が反映しやすく、コロナ禍において政府主導で短期間に集中治療室（ICU）を増やすなどの対応が可能であったが、民間病院中心の日本では、診療報酬制度の仕組みによって病床稼働率を上げなければ赤字になるため、病床転換などの機動力が弱かったことがあげられる。しかし根本的な原因は、欧米諸国に比べて医師や看護師が圧倒的に少ないことである［1］。それでも政府は「医師不足」とは表明せず、「医師の地域偏在」を理由として挙げるが、国際比較では日本の地域偏在は少ない［2］。

コロナ禍で後手の対応に終始した反省もない政府は、コロナ禍が継続中であるにも関わらず、感染症への対応などを考慮せずに病床削減をすすめている［3］。また、世界一寿命が長く高齢化がすすんでいるにもかかわらず、医療費の伸びを強引に抑制していることも、医療崩壊を招く原因になっている［4］。

介護現場では、パートタイムの介護従事者の割合はOECDのなかでも低い方だが、非正規雇用の介護従事者の割合は最も多い［5］。登録型のヘルパー職や委託・派遣の雇用が多いため、不安定雇用で収入も安定していない。介護の需要は、高齢化とともにますます高まっているが、なり手がいない状態が続いており、抜本的な労働条件の改善が急がれている。

コロナ禍でひっ迫した保健所機能に対し、自治体の常勤保健師数はコロナ前の2019年度3万5643人から、2022年度3万8003人に配置数は増やしたものの、保健所数は472から468に減っている［6］。日本の純社会支出総額はG7参加国のなかでも低い。国民の税金は軍事費よりも社会保障にこそ使うべきである［7］。

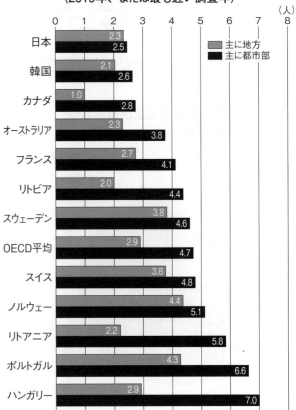

[1] 医師数・看護師数の国際比較

資料：OECD「Health Statistics 2020」、「OECD.Stat」

[2] 都市と地方の医師密度
（2019年、または最も近い調査年）

資料：OECD Regional Statistics Database 2021.

［3］ 減らされてきた病床数

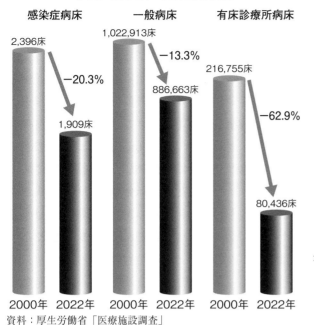

感染症病床　　一般病床　　有床診療所病床

2,396床　−20.3%　1,909床
1,022,913床　−13.3%　886,663床
216,755床　−62.9%　80,436床

2000年 2022年　2000年 2022年　2000年 2022年

資料：厚生労働省「医療施設調査」

［5］ パートや派遣で働く介護職員の割合

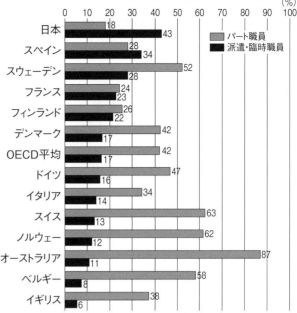

（％）

パート職員 / 派遣・臨時職員

国	パート職員	派遣・臨時職員
日本	43	18
スペイン	34	28
スウェーデン	52	28
フランス	23	24
フィンランド	22	26
デンマーク	42	17
OECD平均	42	17
ドイツ	47	16
イタリア	34	14
スイス	63	13
ノルウェー	62	12
オーストラリア	87	11
ベルギー	58	8
イギリス	38	6

資料：OECD「Health at a Glance 2021」

［4］ 医療費の伸びと高齢化率

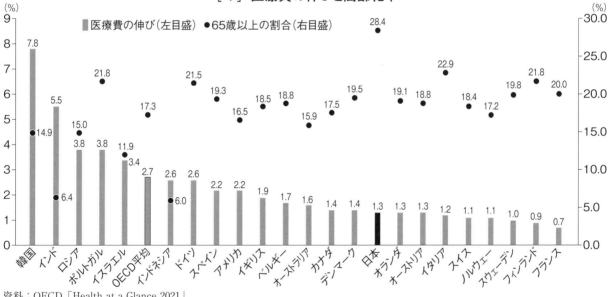

■ 医療費の伸び（左目盛）　● 65歳以上の割合（右目盛）

国	医療費の伸び	65歳以上の割合
韓国	7.8	14.9
インド	5.5	6.4
ロシア	3.8	15.0
ポルトガル	3.8	21.8
イスラエル	3.4	11.9
OECD平均	2.7	17.3
インドネシア	2.6	6.0
ドイツ	2.6	21.5
スペイン	2.2	19.3
アメリカ	2.2	16.5
イギリス	1.9	18.5
ベルギー	1.7	18.8
オーストラリア	1.6	15.9
カナダ	1.4	17.5
デンマーク	1.4	19.5
日本	1.3	28.4
オランダ	1.3	19.1
オーストリア	1.3	18.8
イタリア	1.2	22.9
スイス	1.1	18.4
ノルウェー	1.1	17.2
スウェーデン	1.0	19.8
フィンランド	0.9	21.8
フランス	0.7	20.0

資料：OECD「Health at a Glance 2021」

［6］ 保健所数の推移

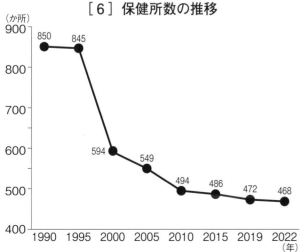

（か所）

年	保健所数
1990	850
1995	845
2000	594
2005	549
2010	494
2015	486
2019	472
2022	468

資料：厚生労働省健康局健康課地域保健室調べ

［7］ 純社会支出総額の対GDP比
−G7参加国比較（2019年）−

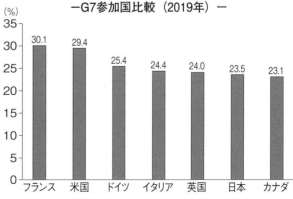

（％）

国	対GDP比
フランス	30.1
米国	29.4
ドイツ	25.4
イタリア	24.4
英国	24.0
日本	23.5
カナダ	23.1

注：純社会支出総額は公的および私的社会支出を考慮に入れており、直接税（所得税および社会保障負担金）、現金給付に対する消費の間接税、および社会的目的のための減税の影響も含まれる。

資料：OECD「SOCX Manual 2019」から抽出

増え続ける高齢者雇用の改善と安心できる年金制度の確立を

高齢者の雇用は、安倍第2次政権以来11年の間に316万人も増え、2022年には912万人となって高齢者の4人に1人が働いている［2］。公的年金の減額が続くなか、「生涯現役社会の実現」を求める政府のもとで今後高齢者の雇用はさらに増加することが予想される。2021年4月に改訂施行された高齢者雇用安定法では65歳までの雇用確保が義務化されたのに、70歳までの就業確保は努力義務とされたため、22年12月16日に公表された6月1日時点の報告は実施済み事業所23万5620社中6万5782社にとどまっている［3］。高齢者の就労問題の解決のためには、定年制の延長、同一労働同一賃金の徹底、全国一律の最低賃金時給1500円の実現が求められる。なによりも重要なことは、高齢者が働かなくとも安心して生活できる公的年金制度を確立することである。

公的年金制度は、1986年の基礎年金の導入により給付水準の大幅な引き下げを決め、段階的な支給率の引き下げや支給開始年齢の先延ばしが実施され、年金額改定ルールの変更により20年以上、実質年金額を引き下げ続けてきた。2021年度の厚生年金の老齢年金で14万5665円、国民年金の老齢基礎年金で5万6479円が平均の支給月額である［1］［4］。とくに女性の年金額は10万円未満が4人中3人もおり、総務省の家計調査報告では年金だけでは暮らせない実態がある［5］。2023年度は3年ぶりの増額となったもののマクロ経済スライド0.6%（調整率0.3％＋積み残し0.3％）の発動により物価高騰（2.5%）に追い付かず実質年金額は過去10年間分を含め7.3%の減額となった［6］。

将来の受給者のためとされた減額改定ルールとマクロ経済スライドは、若者の老後の不安を増大させている［7］。いま必要なことは年金額改定ルールを変えること、加入期間の長短や掛金の高低にかかわらず、憲法の生存権保障に基づく最低保障年金を創設することである。

［1］厚生年金の平均受給額の推移

年度	保険料率（%）	受給者平均月額（円）	受給権者新規裁定（円）	国民年金平均月額（円）	制度改定等
2000	17.350	176,953	174,793	50,984	●支給率5%引き下げ　●既裁定の賃金スライド改定停止
2001	↓	174,839	134,197	51,684	●定額部分支給開始年齢延長開始
2002	↓	173,565	114,792	52,291	
2003	13.580	171,365	110,240	52,314	●賞与からも保険料徴収・年金額に反映（総報酬制）※
2004	13.934	167,529	106,679	52,565	●マクロ経済スライド導入　●保険料の連続引き上げ開始
2005	14.288	167,172	103,887	53,012	
2006	14.642	165,211	87,376	53,249	
2007	14.996	161,059	87,532	53,602	
2008	15.350	158,806	86,964	53,992	
2009	15.704	156,692	86,102	54,320	
2010	16.058	153,344	84,339	54,596	
2011	16.412	152,396	84,335	54,682	
2012	16.766	151,374	85,438	54,856	
2013	17.120	148,409	78,534	54,622	●特例水準解消（〜15年）　●報酬比例部分支給年齢延長
2014	17.474	147,513	84,202	54,497	●消費税増税（8%）
2015	17.828	147,872	85,923	55,244	●共済の厚年への統合　●マクロ経済スライド発動
2016	18.182	147,927	77,180	55,464	
2017	18.300	147,051	82,374	55,615	●保険料率固定
2018	↓	145,865	86,658	55,809	●マクロ経済スライドの未調整分の繰り越し
2019	↓	146,162	79,579	56,049	●マクロ経済スライド実施
2020	↓	146,145	83,956	56,358	
2021	↓	145,665	89,036	56,479	

注：2003年に総報酬制になり、年間報酬に対する保険料率として、従前の17.35%が13.58%に換算された。
資料：「厚生年金・国民年金事業の概況」ほか厚生労働省の年金関係資料より作成

［2］高齢就業者数の推移（2012〜2022年）

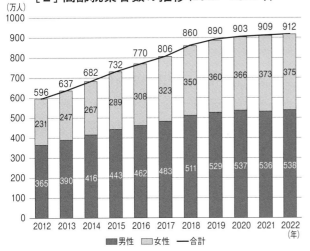

（万人）

年	男性	女性	合計
2012	365	231	596
2013	390	247	637
2014	416	267	682
2015	443	289	732
2016	462	308	770
2017	483	323	806
2018	511	350	860
2019	529	360	890
2020	537	366	903
2021	536	373	909
2022	538	375	912

■男性 ■女性 ―合計

注：①数値は、単位未満を四捨五入したため合計と内訳が一致しない場合がある。
　　②2011年は、東日本大震災に伴う補完推計値。
資料：総務省統計局「労働力調査」（基本統計）

［4］　厚生年金・国民年金受給月額の分布
（2022年3月）

（男子）　　　　　　　　　　　（女子）

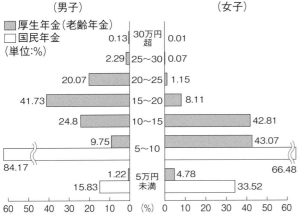

■厚生年金（老齢年金）
□国民年金
（単位:%）

男子	月額階層	女子
0.13	30万円超	0.01
2.29	25〜30	0.07
20.07	20〜25	1.15
41.73	15〜20	8.11
24.8	10〜15	42.81
9.75	5〜10	43.07
84.17		66.48
1.22	5万円未満	4.78
15.83		33.52

注：厚生年金（老齢年金）・国民年金のそれぞれについて、2021年度末における受給月額階層ごとの受給権者数の比率
資料：厚生労働省「厚生年金・国民年金事業年報」（2021年度版）より作成

［6］物価と実質年金額改定の推移
（2013〜2023年）

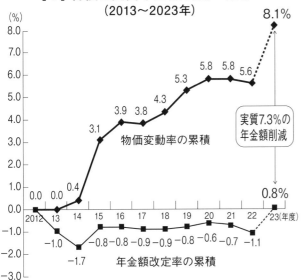

（%）

物価変動率の累積

年度	物価変動率累積
2012	0.0
13	0.0
14	0.4
15	3.1
16	3.9
17	3.8
18	4.3
19	5.3
20	5.8
21	5.8
22	5.6
23	8.1

実質7.3%の年金額削減

年金額改定率の累積

年度	年金額改定率累積
13	-1.0
14	-1.7
15	-0.8
16	-0.8
17	-0.9
18	-0.9
19	-0.8
20	-0.6
21	-0.7
22	-1.1
23	0.8

注：2013年度から23年度まで、毎年度の年金額改定率と物価変動率を単純に累積したもの。
資料：厚生労働省「年金額改訂のお知らせ」より作成

［3］　70歳までの就業確保措置の実施状況

未実施企業 72%	実施済み企業 28%

資料：厚生労働省「高年齢者雇用状況等報告」（2022年）より作成

［5］　65歳以上の単身無職世帯の家計収支
（2022年）

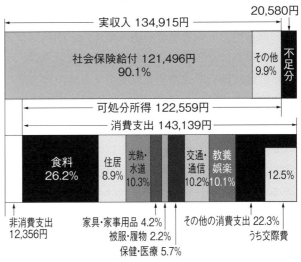

20,580円

実収入 134,915円

社会保険給付 121,496円　90.1% ／ その他 9.9% ／ 不足分

可処分所得 122,559円
消費支出 143,139円

食料 26.2% ／ 住居 8.9% ／ 光熱・水道 10.3% ／ 交通・通信 10.2% ／ 教養娯楽 10.1% ／ 12.5%

非消費支出 12,356円
家具・家事用品 4.2%
被服・履物 2.2%
保健・医療 5.7%
その他の消費支出 22.3%
うち交際費

資料：総務省「家計調査報告（家計収支編）」（2022年平均）

［7］　2021年度以降に実施された改革

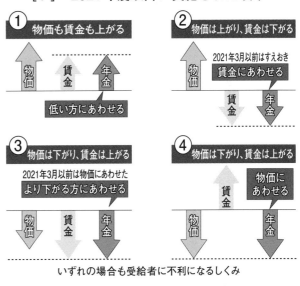

① 物価も賃金も上がる
物価／賃金／年金
低い方にあわせる

② 物価は上がり、賃金は下がる
2021年3月以前はすえおき
賃金にあわせる
賃金／年金

③ 物価は下がり、賃金は上がる
2021年3月以前は物価にあわせた
より下がる方にあわせる
物価／賃金／年金

④ 物価は下がり、賃金は上がる
物価にあわせる
賃金
物価／年金

いずれの場合も受給者に不利になるしくみ

マクロ経済スライドによる年金の減額

（賃金・物価上昇時のイメージ）

賃金（物価）
スライド調整
年金改定率

注：2023年度のマクロ経済スライドはスライド調整率0.3%、キャリーオーバー分0.3%、合計0.6%の減額となった。
資料：厚生労働省資料をもとに作成

5-1

野党共闘の発展で憲法9条改悪と大軍拡を阻止しよう

　集団的自衛権行使容認と敵基地攻撃能力保有という9条蹂躙の暴挙が進められてきたが、なお9条は平和を守る大きな力を発揮している。岸田首相は、2024年9月末までの総裁任期中の改憲実現を訴え続けている。国民投票は国会の発議後60日から180日以内に行うと定められており、1月からの通常国会で改憲原案の論議を始め、両院で可決しなければならない。そのために、改憲派は、23年の臨時国会で改憲条文原案をまとめ上げようと必死である。

　一方で、維新と国民民主、有志の会は、盛んに改憲を煽り立てている。臨時国会そして24年の通常国会で、議員任期問題・緊急事態条項創設の改憲条文案作成や、9条改憲に向けた審議を進めさせない、岸田改憲を阻止するために市民の共同、市民と野党の共闘を強め、たたかうことが求められる［1］［2］。

　22年12月に岸田政権は「安保3文書」を閣議決定した。「戦後の我が国の安全保障政策を実践面から大きく転換するものである」と強調。その核心は、憲法違反・国際法違反の自衛隊の「敵基地攻撃能力の保有」であり、その具体化を推進している［3］［4］。

　そして、防衛費を23年度から5年間で43兆円（後年度負担含むと60兆円）とし、米国・中国に次ぐ世界第3位の軍事大国化にする［5］。初年度の23年度当初予算では前年度比26.3%増の過去最大の6兆8219億円を計上、2年目の24年度予算の概算要求は、それをさらに1兆円近く上回る総額約7兆7385億円である［6］。

　これにより国民生活が破壊されることは避けられない。岸田政権は防衛財源確保法を成立させ、税外収入、決算剰余金、歳出改革とともに、法人税、所得税、たばこ税を24年以降に増税して確保するとした。すでに、防衛費は教育費を超えており「軍事栄え、民滅ぶ」への道である［7］。

［1］　第211回国会での議員任期問題・緊急事態条項創設への各会派の意見等

自民、公明、維新、国民民主、有志の会の5会派	憲法54条の参院緊急集会は衆院選実施を前提とした「平時の制度」であり、国政選挙が実施困難となるような緊急事態には対応できない、また、国会は二院制が原則であり、緊急事態に二院制を機能させるには議員任期延長が必要。
維新、国民民主、有志の会	緊急事態が生じて広い地域で選挙の実施が70日以上超えて困難な場合には、国会議員の任期を6か月を上限に延長できるとした条文案をまとめた。
立憲	憲法制定時に緊急政令等に代わり憲法に緊急集会が設けられた。議員任期延長は国会議員を固定化し、内閣の独裁を生む恐れがある。
共産	緊急集会は戦前の緊急勅令等の濫用という歴史の反省に立ち、民主政治を徹底するためのものであり、議員任期延長は選挙権の停止であり、国民主権の侵害だ。

資料：衆議院法制局「緊急事態(特に、参議院の緊急集会・議員任期延長)」に関する論点(2023年6月15日)より

［2］国会に提出された改憲反対の全国署名

「戦争法反対」2000万人署名	1318万739人
「安倍9条改憲NO！」3000万人署名	1152万472人
改憲反対全国緊急署名	134万1897人
「憲法改悪を許さない全国署名」	125万8565人

資料：憲法会議調べ

［3］ 自衛隊「強靭化」対象に東京都内15基地

	名称	所在地	所属部隊や施設
1	朝霞	練馬区、朝霞市など	陸自・陸上総隊司令部、東部方面総監部など
2	練馬	練馬区、朝霞市など	陸自・第1師団司令部、第1普通科連隊、第1後方支援連隊など
3	十条	北区	陸自・補給統制本部、空自・補給本部、海自・補給本部など
4	市ヶ谷	新宿区	防衛省本省内部部局、統合幕僚監部、3自衛隊・幕僚監部など
5	用賀	世田谷区	陸自・関東補給処用賀支処（旧衛生補給処）など
6	三宿	世田谷区、目黒区	自衛隊中央病院、陸自・衛生学校など
7	目黒	目黒区	陸自・小平学校（警務・会計・人事等の教育機関）など
8	小平	小平市	陸自・補給統制本部、空自・補給本部、海自・補給本部など
9	東立川	立川市	陸自・地理情報隊など
10	立川	立川市	立川飛行場、陸自・東部方面航空隊など
11	府中	府中市	空自・航空支援集団司令部、航空気象群本部、宇宙作戦群など
12	横田	福生市など	空自・航空総隊司令部、航空戦術教導団司令部など
13	父島	小笠原村	海自・分遣隊
14	硫黄島	小笠原村	海自・航空機地帯、空自・基地隊
15	南鳥島	小笠原村	海自・航空派遣隊

資料：資料：「東京民報」2023年4月1日号

［5］ 軍事費を2倍化すれば世界第3位に
－世界の軍事費上位10か国（2022年）－

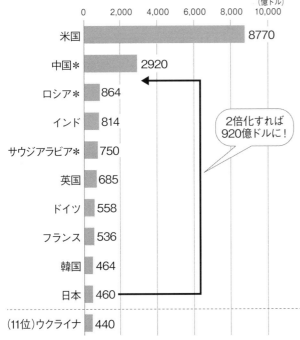

注：「SIPRI報告書」にもとづく。＊はデータ不備・不適切のため推計のためストックホルム国際平和研究所の資料にもとづく
資料：「しんぶん赤旗」2023年4月23日

［4］ 南西地域への自衛隊ミサイル部隊配備計画

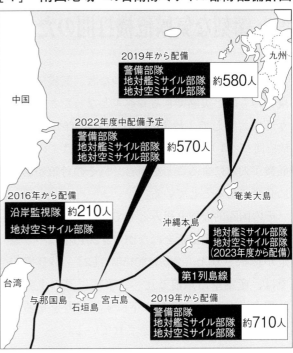

資料：「しんぶん赤旗」2023年2月9日

［6］ 防衛予算の推移（当初予算）

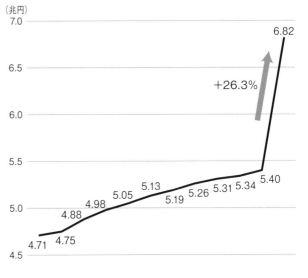

資料：防衛省「令和5年度予算の概要」より

［7］ 軍事費「5兆円」があったら何ができるか
（政府の資料などに基づく）

子育て・教育	大学授業料の無償化※	1.8兆円
	児童手当の高校までの延長と所得制限撤廃※	1兆円
	小・中学校の給食無償化	4386億円
年金	受給権者（4051万人）全員に1人年12万円を追加で支給	4兆8612億円
医療	公的保険医療の自己負担（1～3割）をゼロに	5兆1837億円
消費税	現在10％の税率から2％を引き下げ	4兆3146億円

注：※大学無償化、児童手当は立憲民主党試算による。
資料：「東京新聞」2022年6月3日

深刻な気候危機打開のためにも、原発に固執する政治の転換を

相次ぐ洪水、山火事、干ばつなど、気候危機が現実のものと実感できるレベルとなったといえよう［1］。そして、最新のIPCC（気候変動に関する政府間パネル）報告書、第6次報告書はこの気候危機が人為によることを断言し、その対策が緊急に必要であるとしている。

その国際的な取り組みとして気候変動枠組み条約があり、紆余曲折を経ながら、2015年にパリ協定が採択された（発効は2016年）［2］。パリ協定では、産業革命以前と比べ、平均気温の上昇を2.0℃以下に抑え、1.5℃以下にする努力をすることを目標とすることが合意されている。

その目標達成の進捗状況の調査（GST）の技術的評価、統合報告書が2023年9月8日に公表されている。2023年11月にはCOP28（第28回締約国会議）が予定されているが、そこでこの評価にもとづく政治的メッセージが出される予定である。

パリ協定では、こうした評価に基づいて「国が決定する貢献」（NDC）として各国が自主的に目標を定めることになっており、2025年末のCOP30の9〜12か月前に提出することになっている。

しかし、日本の後ろ向きの姿はたびたび国際的な非難の的となっている。また、やっているふりだけを意味する「グリーン・ウォッシュ」が多い。石炭火力や原子力による発電への固執、さらには、海外でも援助として石炭火力発電所を建設している。

また、原子力は、気候危機対策として役に立たないばかりか、事故の危険、また事故後の処理がもたらす環境破壊などを考えれば、その推進はあり得ない。岸田政権は「可能な限り原発依存度を低減する」としてきた立場から原発推進へと舵を切ったが、原発固執の政治は転換させなければならない。

［1］ 最近の異常気象（2023年1月〜8月）

1月10〜19日	アフガニスタンで記録的寒波、少なくとも124人が死亡。
3月10日	サイクロン・フレディ（南インド洋を横断した強力なサイクロン）、1994年の台風20号の熱帯低気圧の寿命記録を更新。
5月2〜4日	コンゴ民主共和国南ギブ州で豪雨、401人が死亡。
5月20日	台風2号が発生、台風としての寿命は記録史上11番目の記録。
5月29〜30日	気象庁、九州北部、四国、中国、近畿、東海地方で、30日には九州で梅雨入りと発表。近畿、東海地方で5月の梅雨入りは10年ぶり。
6月1〜3日	高知県、和歌山県、奈良県、三重県、愛知県、静岡県で線状降水帯が発生。6県連続で線状降水帯が発生したのは初めて。
6月5日	ハイチで豪雨、少なくとも42人が死亡。
6月9日	気象庁、エルニーニョ現象が発生と発表。
6月18日	インドで記録的熱波。ビハール州で45.9℃を記録。少なくとも170人が死亡。
6月18〜24日	メキシコで記録的熱波。ソノラ州で観測史上最高の49.5℃を記録。少なくとも104人が死亡。
7月	世界各地で異常気象。熱波：イタリア、ローマ、ギリシャ、テーベ、スペイン南部、アメリカ西部。
7月3〜4日	熊本県で線状降水帯が発生。
7月3〜4日	アメリカ国立環境予測センター、世界の平均気温が3日、17.01℃、4日、17.18℃と記録更新。観測史上初めて、世界の平均気温が17℃を超えた。
7月10日から	九州北部、島根県、鳥取県で線状降水帯が発生。
7月15日	カナダ、今年の山火事焼失面積、過去最悪を更新。4088件の山火事（1〜7月前半）。
7月15〜16日	アメリカ東部で豪雨。
7月16日	カナリア諸島、山火事、制御不能。
7月16〜17日	日本、東北地方秋田市など大雨、韓国も。韓国では死者40人。
7月18日	イタリア、ローマ43℃、史上最高気温。
7月18日	横浜、観測史上最高気温37.7℃を記録。
8月4日	ドイツ、ロイトチンゲン市、雹が大量に降り40cm積もる。除雪車出動。

資料：各種報道にもとづき筆者作成

［2］気候危機関連年表

1896年	アレニウス、二酸化炭素による温室効果を発表。
1932年	宮沢賢治「グスコーブドリの伝記」。
1972年	国連人間環境宣言。
1979年	アメリカ、スリーマイル島原発事故。
1986年	ソ連、チェルノブイリ原発事故。
1988年	アメリカ議会、ハンセン証言。 IPCC（気候変動に関わる政府間パネル）発足。
1990年	IPCC第1次評価報告書。
1992年	地球サミット（リオデジャネイロ）：気候変動枠組み条約、生物多様性保全条約。 なお、ブッシュ（父）大統領は生物多様性条約への署名拒否。
1994年	気候変動枠組み条約発効。
1995年	IPCC第2次評価報告書。
1997年	気候変動枠組み条約第1回締約国会議（COP1）。 第3回締約国会議（COP3、京都会議）で京都議定書採択。
2001年	IPCC第3次評価報告書。 アメリカ、ブッシュ（子）大統領、京都議定書からの離脱を宣言。
2005年	京都議定書発効。
2007年	IPCC第4次評価報告書。
2011年	東日本大震災　福島第1原発事故。
2014年	IPCC第5次評価報告書。
2015年	第21回締約国会議（COP21、パリ）、パリ協定採択。
2016年	パリ協定発効。
2018年	IPCC　1.5℃特別報告書。 日本：西日本豪雨。
2019年	国連環境計画　排出ギャップ報告書。 アメリカ、トランプ大統領、パリ協定離脱を宣言。 日本、台風19号。
2021年	1月　アメリカ、バイデン大統領、パリ協定への復帰を宣言。 7月　シベリア熱波、33℃、史上最高。ドイツ、ベルギー、洪水、200名以上死亡。 8月　IPCC第6次評価報告書。 　　　アメリカ、カルフォルニア州、山火事。2万人以上に避難指示。 　　　日本、各地で記録的雨量、水害が多発。 10月末から11月　COP26（グラスゴー）：気温上昇を1.5℃以内にと合意。
2022年	2月28日　IPCC第6次報告書第2作業部会報告。「不可逆的な損失」「33億人から38億人が対処できない」。 4月5日　IPCC第6次報告書第3作業部会報告：「25年までに増加から減少へ」。 4月　日本：エネルギー合理化法案；石炭火力延命、アンモニア、CCS、DAC 　　　みどりの食料システム戦略。
2023年	3月　IPCC第6次報告書。 5月　日本：異常に早い梅雨入り、豪雨も。 　　　日本：原発推進法；老朽化原発も稼働可能に。 6月　ハイチ：大洪水、ハリケーンはこれから。 　　　5日：国際環境デー。グテーレス事務総長：プラ依存からの脱却を訴える。 7月　G7広島サミット。 9月　国連気候野心サミット。 　　　GST第2ステップの技術的評価の統合報告書 11月　COP28（予定）。

資料：各種報道にもとづき著者作成

大企業優遇税制の是正で社会保障財源の確保を

　自民党政権は、「社会保障のため」といって消費税の増税を繰り返してきた。政府の言い分通りに消費税が社会保障に充てられたとすれば、日本の社会保障は、付加価値税率が20％前後のヨーロッパと比べても「消費税偏重」の財源構成となっている計算になる［2］。

　しかし現実には、消費税創設から35年で509兆円もの消費税収があったが、ほぼ同じ期間に法人三税と所得税・住民税は、あわせて605兆円も減り、消費税はその穴埋めに消えてしまった［1］。消費税増税で景気が悪化して税収が減ったうえに、大企業や富裕層への減税が繰り返されてきたからである。消費税頼みでは、決して社会保障をよくすることはできない。

　ヨーロッパ諸国の社会保障も、決して消費税頼みではなく、社会保険料や他の税をきちんと集めている［2］。社会保障の財源は、低所得者に負担が重い消費税ではなく、応能負担の税や社会保険料によって確保すべきである。

　大企業の法人税実質負担率は中小企業よりはるかに低い［3］。研究開発減税、受取配当益金不算入制度、連結納税制度など、さまざまな優遇税制が存在し、もっぱら大企業だけがこうした制度を利用しているからである［4］［5］［6］。

　このような優遇税制を改め、大企業にせめて中小企業並みの負担を求めれば、消費税に頼らずに社会保障拡充の財源を確保することが可能である。

　所得税には、所得が1億円程度を超えると税負担率が下がる「1億円の壁」がある［7］。岸田首相は「改善する」としたが、所得30億円以上の200人程度への増税でお茶を濁した。日本の株式配当や譲渡益への税率は住民税と復興所得税を含めても20.3％と、欧米に比べて低い［8］。

　こうした富裕層に応分の負担を求めることは、社会保障などの財源確保のうえでも、格差是正のためにも重要である。

［1］消費税収と法人3税、所得税・住民税の減収額の推移

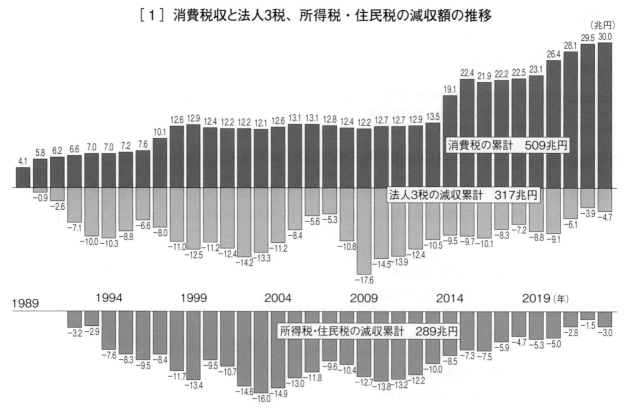

注：消費税には地方分（消費譲与税または地方消費税)を含む。法人3税は、法人税、法人住民税、法人事業税のほか、地方法人特別税、地方法人税、特別法人事業税、復興特別法人税を含めた、ピーク時（89年度）とくらべた減収額。所得税・住民税は、復興特別所得税を含めた、ピーク時（91年度）と比べた減収額。
出所：財務省と総務省の税収統計データから作成。2022年度までは決算または決算見込み額、23年度は予算額。単位：兆円。

［2］日本とヨーロッパ主要国の社会保障財源の比較

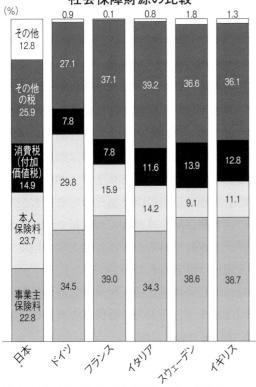

(%)

	その他	その他の税	消費税（付加価値税）	本人保険料	事業主保険料	上段
日本	12.8	25.9	14.9	23.7	22.8	
ドイツ		27.1	7.8	29.8	34.5	0.9
フランス		37.1	7.8	15.9	39.0	0.1
イタリア		39.2	11.6	14.2	34.3	0.8
スウェーデン		36.6	13.9	9.1	38.6	1.8
イギリス		36.1	12.8	11.1	38.7	1.3

注：各国の社会保障財源の構成比、単位：%。日本は21年度、イギリスは18年、フランスは20年、他は21年データで計算。「事業主保険料」には、税・社会保険料以外の企業拠出金を含む。「その他」は、積立金の運用収入など
資料：国立社会保障・人口問題研究所「社会保障費用統計」、ユーロスタットホームページ「社会保護費統計」データベース、OECD歳入統計など

［3］資本金階級別の法人税実質負担率 （2021年度）

（単位：%）

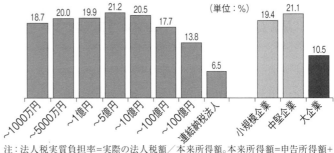

~1000万円	~5000万円	~1億円	~5億円	~10億円	~100億円	~100億円超	連結納税法人		小規模企業	中堅企業	大企業
18.7	20.0	19.9	21.2	20.5	17.7	13.8	6.5		19.4	21.1	10.5

注：法人税実質負担率＝実際の法人税額／本来所得額。本来所得額＝申告所得額＋受取配当益金不算入額等＋引当金等増加額＋特別償却額＋連結納税による相殺所得。小規模企業は資本金1億円以下、中堅企業は1億円超10億円以下、大企業は資本金10億円超＋連結納税法人。
資料：国税庁「税務統計から見た法人企業の実態」、財務省「租税特別措置の適用実態調査」などにより推計

［4］研究開発減税の推移

（単位：億円）

凡例：大企業／中堅企業／中小企業

年度	合計	大企業	中小企業等
2007	6,266	5,827	
2008	2,879	2,338	
2009	257		
2010	3,726	3,340	
2011	3,395	2,882	
2012	3,952	3,461	
2013	6,240	5,728	
2014	6,746	6,213	
2015	6,158	5,621	
2016	5,926	5,294	
2017	6,660	6,014	
2018	6,216	5,560	
2019	5,574	4,987	
2020	5,053	4,518	
2021	6,526	5,916	

注：中小企業は資本金1億円以下、中堅企業は1～10億円、大企業は10億円超と連結納税法人。
資料：2013年度までは国税庁「法人企業の実態」、2014年度以降は財務省「租税特別措置の適用実態調査」による

［5］大企業の受取配当益金不算入額の推移

凡例：外国子会社配当／受取配当（国内分）

（単位：兆円）

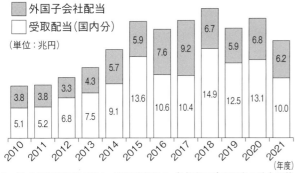

年度	受取配当（国内分）	外国子会社配当
2010	5.1	3.8
2011	5.2	3.8
2012	6.8	3.3
2013	7.5	4.3
2014	9.1	5.7
2015	13.6	5.9
2016	10.6	7.6
2017	10.4	9.2
2018	14.9	6.7
2019	12.5	5.9
2020	13.1	6.8
2021	10.0	6.2

注：資本金10億円超の法人＋連結納税法人、各年度の受取配当の益金不算入額。益金不算入額にその時々の税率を乗じた額が、減税効果となる。
資料：国税庁「会社標本調査結果報告」（2010～2021年度）

［6］連結納税の適用件数と推計減税額の推移

凡例：推計減税額（億円）／連結申告件数

年度	推計減税額
2006	4,218
2007	3,679
2008	4,978
2009	6,303
2010	5,363
2011	5,879
2012	4,526
2013	5,800
2014	4,398
2015	4,508
2016	5,013
2017	6,616
2018	5,589
2019	6,383
2020	6,123
2021	9,145

連結申告件数：671（2006）～1,946（2021）

注：連結により相殺される所得額にその時々の法人税率を乗じて減税額を推計した。
資料：国税庁「法人税等の申告（課税）事績の概要」

［7］申告所得階級別の所得税負担率

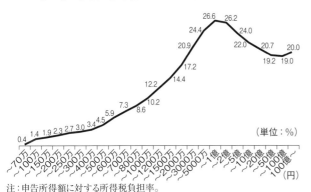

（単位：%）

階級	負担率
~70万	0.4
~100万	1.4
~150万	1.9
~200万	2.3
~250万	2.7
~300万	3.0
~400万	3.4
~500万	5.9
~600万	7.3
~700万	8.6
~800万	10.2
~1000万	12.2
~1200万	14.4
~1500万	17.2
~2000万	20.9
~3000万	24.4
~5000万	26.6
~1億	26.2
~2億	24.0
~5億	22.0
~10億	20.7
~50億	19.2
~100億	19.0
~100億超	20.0

注：申告所得額に対する所得税負担率。
資料：国税庁「申告所得税の実態」2021年分

［8］富裕層の株式投資利益の税率の国際比較

	日本	アメリカ	イギリス	ドイツ	フランス
配当に対する税率	20.315%	34.8%	39.4%	26.4%	30.0%
譲渡益に対する税率	20.315%	34.8%	20.0%	26.4%	30.0%

注：日本は復興特別所得税を含む。アメリカはニューヨーク市の場合。
資料：財務省ホームページ、23年1月現在

憲法を活かした社会保障の拡充を

日本の社会保障費（1人あたりの社会保障給付費）は、OECD加盟38か国中19位で各国平均より低い水準にある。家族分野の社会保障費（子ども手当、出産・育児休暇手当、保育支援）はOECDで21位。これはフランスの62％という低水準にある。日本の高齢者は優遇されていると世代間を分断する声があるが、高齢分野の社会保障費（老齢年金、高齢者サービス）はOECDで16位。これもフランスの59％という低水準にある。日本は高齢分野以外の社会保障があまりに冷遇され、高齢分野の社会保障は優遇されているように見えるが優遇という水準ではない［1］［2］。

1990年以降の自民党政権による新自由主義構造改革は大企業と富裕層の利益を最大化し、社会保障や労働政策は大きく後退し、労働者や一般市民にとって展望が持てない格差社会になっている。日本の貧困率15.4％はG7で最悪。ひとり親世帯の貧困率は48.3％とOECD最下位にあり、ひとり親では子育てが経済的にも困難な実態にある。また日本の高齢者はOECD平均の2倍以上の就業率となっている。年金が貧困で4人に1人以上が働かなくては生きていけないのである［3］［4］［5］。

2012年以降も社会保障の解体攻撃は加速し、年金の削減、生活保護水準の切り下げ、2022年10月から高齢者医療の窓口負担2割化の対象拡大が実施された。介護保険は連動して利用料や保険料の負担増が計画されているが、これ以上の負担増に労働者・国民は耐えられない。

この間の消費税増税と法人税減税で社会保障の企業負担は減少し、日本の社会保障の企業負担割合はG7で最低である［6］。

いま憲法を活かして社会保障を拡充させるためには、大企業と富裕層への課税を強化し、格差と貧困をなくすたたかいが労働組合にとっても重要な局面にある。

［1］家族分野の社会保障（子ども手当、出産・育休手当、保育支援）の国際比較

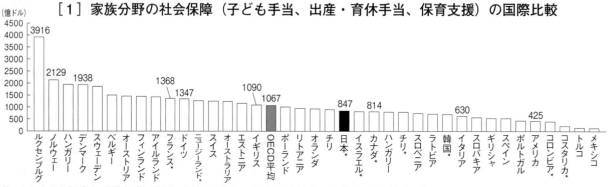

注：1人あたり社会保障給付費。購買力平価。*付きの国は2020年データ、他は2019年データ。
資料：OECD「Stat」

［2］高齢分野の社会保障（老齢年金、高齢者ケアサービス）の国際比較

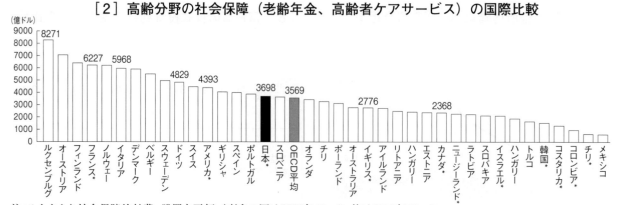

注：1人あたり社会保障給付費。購買力平価。*付きの国は2020年データ、他は2019年データ
資料：［1］に同じ

［3］ 日本の貧困率はG7最悪

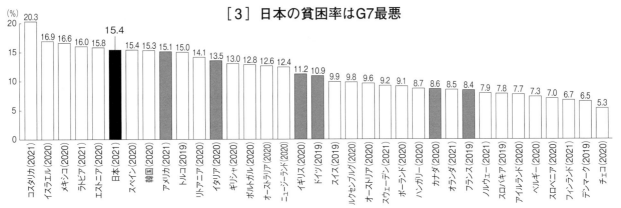

注：相対的貧困率の各国最新データ。括弧内はデータ年。色つきの棒グラフがG7参加国。
資料：［1］に同じ

［4］ 日本のひとり親世帯の貧困率はOECD最悪

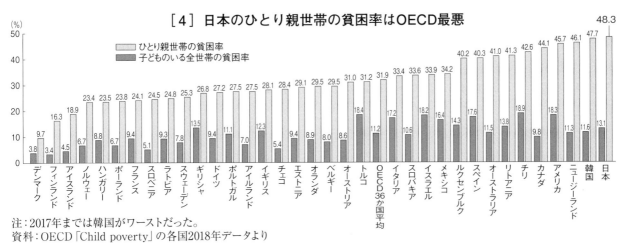

注：2017年までは韓国がワーストだった。
資料：OECD「Child poverty」の各国2018年データより

［5］ 日本の高齢者は年金が貧困でOECD平均の２倍働く

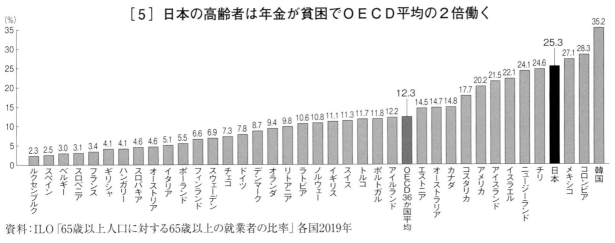

資料：ILO「65歳以上人口に対する65歳以上の就業者の比率」各国2019年

［6］ 日本の社会保障の企業負担割合はG7で最低

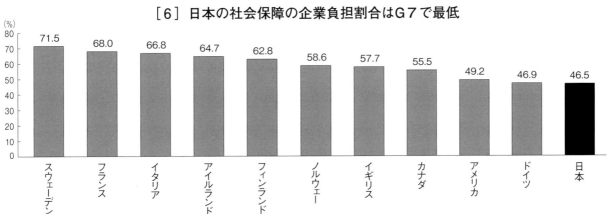

資料：OECD 「Tax Statistics」各国2019年の社会保障費の負担割合

介護の切り捨てを許さず、労働者の処遇改善を

新型コロナ感染拡大は、エッセンシャルワーカーと言われる医療や介護・福祉労働者の社会的役割を再認識させ、労働者の過酷な労働条件を顕在化させた。「介護の社会化」をうたい2000年に介護保険制度が創設され23年が経過したが、介護報酬のマイナス改定が繰り返され、介護事業所は物価や光熱費の高騰の影響を受け、介護事業所の倒産は2022年に143件、倒産に含まれない「休廃業・解散」数は495件と過去最多となっている[1]。一般企業のようにコスト増を価格転嫁することができないため、2024年4月の介護報酬の大幅な引き上げが求められている[2]。

また、介護職場の人材不足はいっそう深刻である[3]。政府の調査で2025年に32万人、2040年には69万人の介護職員不足が見込まれるなか、介護福祉士養成学校の入学者数は減り続け、2012年度の1万2730人が2022年度には6802人と半数に落ち込んでいる[5]。介護職員の有効求人倍率は施設介護職員で3.79倍、ヘルパーにおいては15.53倍と極めて深刻な実態にある[4]。その背景には介護職員の給与が全産業平均より7万円以上低いことにあり、一刻も早く公費で介護職員の待遇を全産業平均水準まで引き上げることが不可欠である[6]。

介護保険制度以前の高齢者福祉制度は公費100％であったが、介護保険制度は公費50％、保険料50％と公費負担が大きく後退した[8]。介護保険料は右肩上がりで2021年には平均6014円と第1期（2000～02年度）と比べて2倍化、介護給付費の増大に見合うさらなる保険料の引き上げは困難になりつつある[7]。

このままでは、徹底的な介護サービス削減によって「制度残って介護なし」を招くのみである。介護する人、受ける人がともに大切にされる介護保険制度に抜本的に改善していくためには、介護の国庫負担の引き上げが不可欠である。

［1］老人福祉・介護事業者倒産件数
（単位：件）

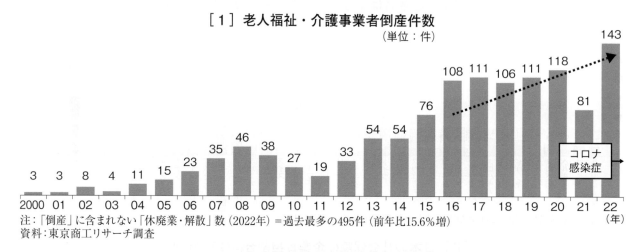

注：「倒産」に含まれない「休廃業・解散」数（2022年）＝過去最多の495件（前年比15.6％増）
資料：東京商工リサーチ調査

［2］低く据え置かれてきた介護報酬

改定年	改定率	※3年ごとの本改定推移
2003年度	▲2.3％	
2006年度	▲2.4％	施設等での居住費・食費の自己負担化
2009年度	＋3.0％	
2012年度	＋1.2％	実質▲0.8％　→処遇改善交付金（報酬換算2％）を介護報酬に編入
2015年度	▲2.27％	処遇改善等で＋2.21％、基本報酬で▲4.48％
2018年度	＋0.54％	通所介護等で▲0.5％の適正化
2021年度	＋0.70％	このうち＋0.05％はコロナ対策「特例的評価」（21年9月末で終了）

★第8期の通算改定率＝＋0.67％

資料：厚生労働省の資料より筆者作成

［3］ 介護職員不足見込み

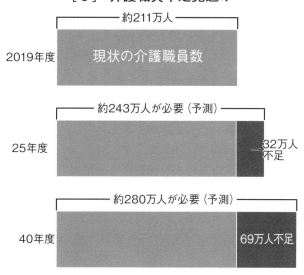

約211万人
2019年度　現状の介護職員数

約243万人が必要（予測）
25年度　32万人不足

約280万人が必要（予測）
40年度　69万人不足

資料：厚生労働省の資料から

［4］ 介護職員の有効求人倍率

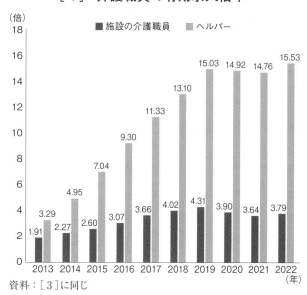

（倍）
■ 施設の介護職員　　■ ヘルパー

年	施設の介護職員	ヘルパー
2013	1.91	3.29
2014	2.27	4.95
2015	2.60	7.04
2016	3.07	9.30
2017	3.66	11.33
2018	4.02	13.10
2019	4.31	15.03
2020	3.90	14.92
2021	3.64	14.76
2022	3.79	15.53

資料：［3］に同じ

［5］ 減り続けている介護福祉士養成校入学者数
（定員数の減少＋定員割れ）
（単位：人）

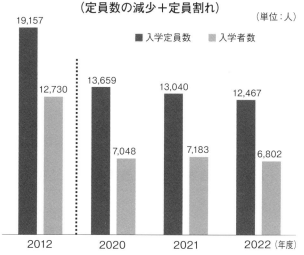

■ 入学定員数　　■ 入学者数

年度	入学定員数	入学者数
2012	19,157	12,730
2020	13,659	7,048
2021	13,040	7,183
2022	12,467	6,802

資料：日本介護福祉士養成施設協会調べ

［6］ 全産業平均よりも月額7万円以上低い給与

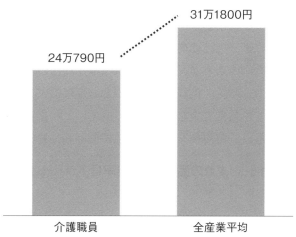

介護職員　24万790円
全産業平均　31万1800円

注：賞与をのぞく
資料：厚生労働省「令和4年度介護従事者処遇状況等調査」

［7］ 右肩上がりの介護保険料

第1期 2000～02年度	2,911円
第2期 2003～05年度	3,293円
第3期 2006～08年度	4,090円
第4期 2009～11年度	4,160円
第5期 2012～14年度	4,972円
第6期 2015～17年度	5,514円
第7期 2018～20年度	5,869円
第8期 2021～23年度	6,014円

注：65歳以上、平均額
資料：［3］に同じ

［8］ 介護保険の負担割合

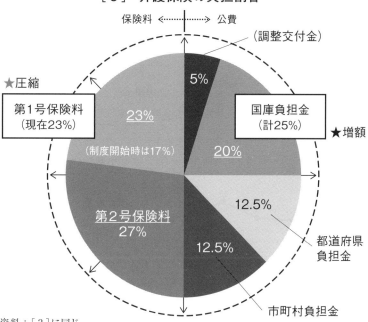

保険料 ◁┈┈┈┈▷ 公費
（調整交付金）5%
国庫負担金（計25%）★増額 20%
都道府県負担金 12.5%
市町村負担金 12.5%
第2号保険料 27%
第1号保険料（現在23%）★圧縮 23%（制度開始時は17%）

資料：［3］に同じ

求められる食料自給率向上、一方で深刻な担い手不足

日本の食料自給率は下がり続け、現在カロリーベースで38％、戦後政府が増産を目指した酪農・畜産などの「選択的拡大」品目でさえ自給率は下がり続けてきた［1］。これは国民の生存権を他国に委ねていることに他ならない。しかも政府は食料・農業・農村基本法を改定し「食料自給率の向上」という政策指標まで放棄しようとしている。

「作ればつくるほど赤字」という状況に販売農家はもとより、自給的農家も減少し続けている［2］。自給率向上のためには食料増産が必要であり、農家が営農を継続できる支援が必要だ。

日本政府は農業の「成長産業化」をうたい、一貫して小規模農家を淘汰し、農地の規模拡大・集約化によって「効率的」な農業を推進しようとしてきた。ところが、規模別に水田稲作経営の農業所得を「時給」換算で比較すると、規模拡大をはかっても最低賃金を若干超える水準にとどまる。しかも、一定規模を超えれば逆に低下し、農業の雇用労働の平均時給よりも低くなる［3］。農産物価格が低く抑えられ、政策的支援も十分でなければ、規模拡大による支出増をカバーできない。

政府は農業の「競争力」をつけろというが、そもそも日本は狭い国土面積のなかでも、農業生産額の対ＧＤＰ比はアメリカやＥＵなど農業の超大国に引けを取らず、面積対比でみた生産性も非常に高い［4］。にもかかわらず日本農業が後退しているのは、競争力が無いからではなく政府が諸外国並みの農業支援策をとっていないからである。

いま、65歳以上の担い手の割合が増加し、高齢化がいっそう進んでいる［5］。また外国人労働力の活用も増加している［6］。農業・林業の外国人労働者数は統計では全産業対比の2％強にとどまるが、不法就労もあり正確な実数が掴めていない。高齢な生産者の離農が近年加速し、ますます担い手不足は深刻だ［7］。若い世代が農業で食べていけるような価格保障と所得補償が必要だ。

［1］いずれの品目でも自給率は下がり続ける

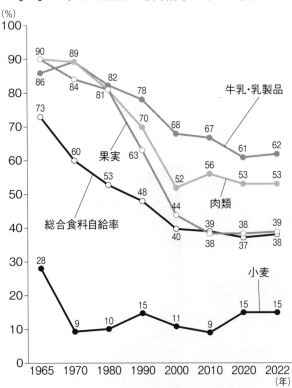

注：供給熱量ベースの総合食料自給率は「国産供給熱量／供給熱量×100」。品目別自給率は「国内生産量／国内消費仕向量×100」（重量ベース）で計算
資料：農林水産省「食料需給表」から作成

［2］販売農家も自給的農家も減少し続ける

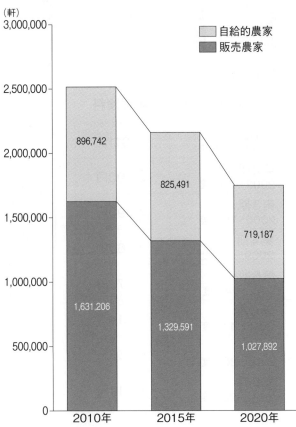

資料：「農林業センサス」から作成

［3］ 規模拡大しても稲作農家の「時給」は低い
―家族農業によって維持される採算―

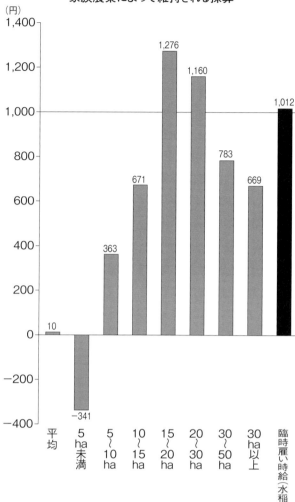

（円）

	値
平均	10
5ha未満	−341
5〜10ha	363
10〜15ha	671
15〜20ha	1,276
20〜30ha	1,160
30〜50ha	783
30ha以上	669
臨時雇い時給（水稲）	1,012

注：時間当たりの農業所得は、農業所得に自家農業労働時間を除したもの。臨時雇い平均時給は、男性・水稲・機械作業補助の1日当支払総額に、農業臨時雇の1日あたりの平均労働時間を除したもの。

資料：農林水産省「営農経営別農業累計統計」と、全国農業会議所「農作業料金・農業労賃に関する調査結果」のそれぞれ2021年値から作成

［6］ 農業でも外国人労働力の増大

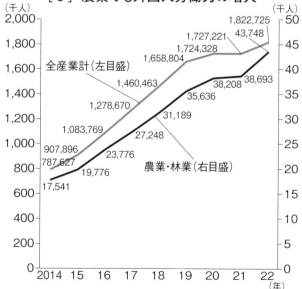

（千人）

全産業計（左目盛）
- 787,627
- 907,896
- 1,083,769
- 1,278,670
- 1,460,463
- 1,658,804
- 1,724,328
- 1,727,221
- 1,822,725

農業・林業（右目盛）
- 17,541
- 19,776
- 23,776
- 27,248
- 31,189
- 35,636
- 38,208
- 38,693
- 43,748

資料：厚生労働省「『外国人雇用状況』の届出状況」より

［4］ 各国の農業生産額の対GDP比と農地面積に対する生産額の国際比較
―日本農業の生産性は本来は非常に高い―

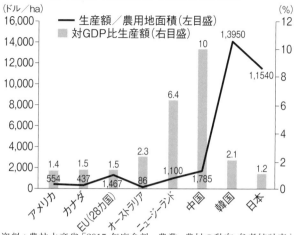

（ドル／ha）

生産額／農用地面積（左目盛）
対GDP比生産額（右目盛）

国	生産額／農用地面積	対GDP比
アメリカ	554	1.4
カナダ	437	1.5
EU（28カ国）	1,467	1.5
オーストラリア	86	2.3
ニュージーランド	1,100	6.4
中国	1,785	10
韓国	13,950	2.1
日本	11,540	1.2

資料：農林水産省「2015年度食料・農業・農村の動向 参考統計表」より作成

［5］ 基幹的農業従事者の減少と増える65歳以上の高齢者の割合

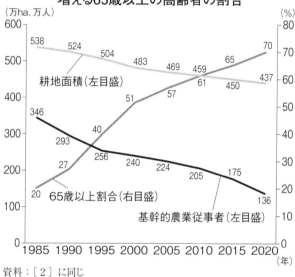

（万ha、万人）

耕地面積（左目盛）
- 538、524、504、483、469、459、450、437

65歳以上割合（右目盛）
- 20、27、40、51、57、61、65、70

基幹的農業従事者（左目盛）
- 346、293、256、240、224、205、175、136

資料：［2］に同じ

［7］ 高齢な農家のリタイアも加速

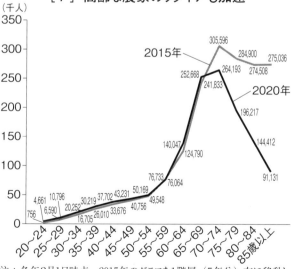

（千人）

2015年
2020年

注：各年2月1日時点。2015年のグラフを1階層（5年分）右に移動し2020年の同階層の年齢と増減を比較。

資料：「農林業センサス」をもとに作成

6 主要企業の内部留保分析

6-1

大企業の内部留保と社会的責任

現代の大企業は、事業のM＆A、自社株買いや金融活動そして人件費削減によって得た利益を内部留保している。2023年度には大企業に増益企業が現れている。労働者の年収はこの30年間にわたって増えていない。今日では、雇い止め・解雇や中小零細企業の倒産によって労働者の賃金は減少し、経営者と労働者の所得格差が大幅に広がっている。加えて急激な円安、天然ガスの輸入減少、物価高騰などが国民生活に打撃となっている。

［1］によって2023年3月期の連結経常利益を見ると、222社のうち209社の企業で黒字、13社で赤字となっている。また連結内部留保の調査対象企業数に対する増加企業数の割合（％）を見ると、22年の93社（76.9％）から23年3月期の175社（78.8％）で1.9ポイント増えている。逆に連結内部留保が減少した企業数は、22年の28社（22.8％）から23年3月期の47社（21.2％）へやや減少している。連結内部留保が対前期比で増加した企業を見ると、トヨタ自動車の2兆1191億円、三井住友FGが1672億円、NTTが6835億円、ホンダが5350億円などと増加している。対前年比で連結内部留保が減少した企業は、三菱UFJFGが対前期比で5358億円、ソフトバンクグループが2兆3793億円の減少となっている。このように2022年4月以降も巨大企業グループの連結経常利益の増加企業数は増加し、それが連結内部留保の増加企業数の増加につながっている。この連結経常利益の増加要因のひとつには、従業員数の減少つまり人件費の削減がある。このことが、連結経常利益の増加要因の一つにもなっている。

さらに［2］の連結内部留保の多い企業上位20社を見ると、1位トヨタ自動車、2位三菱UFJFGで、ホンダは3位となっている。トヨタ自動車は、32兆519億円で突出し、三菱UFJFGは、15兆4189億円である。2023年3月期から持株会社も含めて上位20社を集計した結果、みずほFGやソフトバンクグループ、伊藤忠商事が入っている。

［3］のトヨタ自動車の内部留保と人件費の推移（親会社の単独ベース）を見ると、2019年から2023年にかけて、単独ベースの内部留保が5兆2834億円も増加している。また同期間の1人当たり内部留保でも8878万円増加している。これに対して1人当たり人件費は、2019年の851.50万円から2023年の895.42万円へと43.92万円の増加となっている。内部留保の大幅な増大に比べて、人件費の伸びが少ない。賃上げをしても内部留保の余力は十分あると考えられる。

［4］の年45万円の賃上げに必要な従業員1人当たり内部留保額を見ると、2022年3月期には主要企業222社のうち208社が、月2.5万円の賃上げ（ボーナス6か月を含め年45万円）のために必要な内部留保額は、1人当たり内部留保額のわずか0.88％にすぎない。従業員1人当たりの内部留保額の0.88％を賃金にまわすことによって月2.5万円とボーナス6か月の賃上げが可能となる。

物価高のもとで国民生活は、厳しくなっているが、大企業は長期にわたり巨額の内部留保を蓄積している。この要因は、従業員の賃金、給料などの人件費の削減やコロナ禍の不況のもとで労働者を削減したこと、非正規社員の雇い止めなどによる。長期にわたり労働者の賃金が横ばい傾向になり、さらに資源高や円高・物価高の傾向が加わり、このことが生活の困窮を増幅させている。リストラによる下請け中小企業や工場閉鎖が行われ、2023年10月からの消費税のインボイス制導入により中小零細業者の経営が圧迫されることになる。働く場所の縮小も進んでいる。他方において大企業は、これまで巨額の内部留保を資本蓄積しているが、今こそ大企業の内部留保を賃金や雇用の拡大や中小企業者に回し、消費購買力を高めたり、将来の自然環境、保護への投資や社会保障に回すことによって、労働者・国民生活を豊かにすることができ、長期的視点に立った内部留保の社会的還元によって大企業は社会的責任を果すことになる。

［1］連結経常利益と連結内部留保の増減企業数
（持株会社を除く）

項　　目	2020年3月期	2021年3月期	2022年3月期	2023年3月期
連結経常利益の企業数	119社	107社	111社	209社
連結経常損失の企業数	7社	17社	10社	13社
連結内部留保の増加企業数（前年比）	91社	88社	93社	175社
連結内部留保の減少企業数（前年比）	35社	36社	28社	47社
調査企業数合計	126社	124社	121社	222社

注：①2022年3月期までは持株会社を除く企業数で集計した。
　　②今回（2023年3月期）から主要企業の内部留保は、新たな日経平均株価採用銘柄225社の有価証券報告書をもとにして計算している。
資料：全労連・労働総研編『国民春闘白書』（各年版）学習の友社より作成。

［3］トヨタ自動車の内部留保と人件費
（提出会社、単独ベース）

決算期	内部留保（億円）	1人当たり内部留保（万円）	人件費（億円）	1人当たり人件費（万円）	従業員数（人）
2019.3	156,462	20,997	6344.95	851.50	74,515
2020.3	161,796	21,825	6418.86	865.87	74,132
2021.3	177,197	24,826	6126.08	858.32	71,373
2022.3	186,415	23,120	6018.26	857.12	70,710
2023.3	209,296	29,875	6272.95	895.42	70,056

注：人件費は、一人当たり人件費（平均年間給与）×平均従業員数（平均臨時雇用人員を含んでいない）により求めている。
資料：人件費は有価証券報告書（トヨタ自動車、各年版）より。
　　　内部留保および1人当たり内部留保は、全労連・労働総研編、前掲書より。

［2］連結内部留保の多い企業
（上位20社）

単位:億円

	企業名	2022年3月期		企業名	2023年3月期
1	トヨタ自動車	299,328	1	トヨタ自動車	320,519
2	本田技研工業	105,798	2	三菱UFJFG	154,189
3	三菱商事	57,083	3	ホンダ	111,148
4	ソニーグループ	55,363	4	三井住友FG	104,380
5	日産自動車	52,115	5	NTT	97,279
6	KDDI	51,411	6	みずほFG	78,325
7	三井物産	46,914	7	三菱商事	66,092
8	キヤノン	42,740	8	ソニーグループ	63,882
9	日立製作所	40,455	9	KDDI	55,711
10	日本たばこ産業（JT）	39,454	10	日産自動車	54,153
11	武田薬品工業	38,302	11	三井物産	53,782
12	東海旅客鉄道	37,661	12	ソフトバンクグループ	49,758
13	デンソー	37,085	13	伊藤忠商事	44,163
14	東京海上日動火災保険	35,242	14	日立製作所	43,508
15	東京電力HD	32,472	15	キヤノン	43,421
16	パナソニックHD	31,517	16	JT	41,267
17	日本製鉄	30,174	17	武田薬品工業	40,612
18	三菱電機	29,560	18	東海旅客鉄道	39,295
19	東日本旅客鉄道	28,301	19	デンソー	38,498
20	ブリヂストン	27,153	20	日本製鉄	36,751

資料：［1］に同じ。

［4］賃上げ（月2.5万円＋ボーナス6カ月）に必要な従業員1人当たり内部留保額（決算ベース）

事　　項	2023年3月期
①1人当たり内部留保が1000万円以上の企業数（連結ベース）	主要企業222社のうち208社
②1人当たり内部留保合計（208社）合計	106億7280万円
③1人当たり内部留保（1社当たり）＝②／①＝106億7280万円÷208社	1人当たり内部留保（1社当たり）5131万円
④月2.5万円（ボーナス6カ月）の賃上げ（年45万円）に必要な内部留保額	（年45万円の賃上げ額÷5131万円）×100％＝0.88％

資料：［1］に同じ。

（注）大企業の内部留保を集計・分析するにあたり、これまでは主要企業（121社）と、持株会社（122社）に分けて紹介してきたが、探しづらい、産業構造が変化している等が指摘されていた。このため、今回より、「日経平均株価採用銘柄225社」を紹介し、分析することにした。（編集委員会）

主要企業の連結内部留保①

主要企業の連結内部留保（225社）　2023年3月決算

企業名	業種	会計基準	当期合計社数	前年比	連結子会社数	持分法適用会社数	経常利益(億円)	内部留保額(億円)	前年比	連結利益剰余金	資本剰余金	退職給付引当金	長期引当金	その他有価証券評価差額金	資産除去債務(億円)	うち現金および現金同等物(億円)	為替換算調整勘定(億円)	正規従業員数	臨時従業員数	前年比	従業員1人当り(万円)	提出会社内部留保	提出会社従業員数	提出会社との差 内部留保	提出会社との差 従業員数	親会社内部留保	親会社従業員数
ニッスイ	水産	日本	89	-8	66	23	278	1,829	124	1,376	216	111	16	110		142	195	9,515	8,281	177	1,028	1,092	1,485	737	16,311	59.7%	8.3%
INPEX	鉱業	日本	88	10	66	22	14,382	28,370	2,665	20,664	6,834	7	824	41	3,032	2,117	8,210	3,364	395	101	75,472	21,600	1,349	6,770	2,410	76.1%	35.9%
コムシス HD	建設	日本	67	-5	67		309	4,078	149	2,863	931	142	105	37		408		17,512		-8	2,329	1,529	99	2,549	17,413	37.5%	0.6%
大成建設	建設	日本	107	5	45	62	631	7,587	48	5,628	304	150	534	971		4,159	2	14,466	4,035	-10	4,101	5,967	8,613	1,620	9,888	78.6%	46.6%
大林組	建設	日本	135	6	108	27	1,008	9,871	257	7,281	420	518	471	1,181		4,056	184	15,876	3,381	290	5,126	7,799	9,134	2,072	10,123	79.0%	47.4%
清水建設	建設	日本	134	6	125	9	565	9,240	394	6,253	437	602	729	1,219		3,868	34	19,869	2,640	2,848	4,105	7,788	10,845	1,452	11,664	84.3%	48.2%
長谷工コーポレーション	建設	日本	69	2	63	6	883	4,508	344	4,279	74	16	132	7		2,083	52	7,511	7,717	87	2,960	3,608	2,399	900	12,829	80.0%	15.8%
鹿島建設	建設	日本	262	17	154	108	1,567	10,568	835	8,137	420	621	357	1,033		2,823	448	19,396	3,710	300	4,574	7,350	8,129	3,218	14,977	69.5%	35.2%
大和ハウス工業	建設	日本	486	8	432	54	4,560	21,847	1,104	17,106	3,037	16	121	547		3,462	645	49,768	22,737	1,789	3,013	16,165	16,093	5,682	56,412	74.0%	22.2%
積水ハウス	建設	日本	385	16	345	40	2,573	13,943	1,176	10,565	2,599	293	82	404	580	3,327	997	29,052	2,516	231	4,799	7,961	14,932	5,982	14,120	57.1%	51.4%
日揮 HD	建設	日本	33	4	25	8	506	4,390	299	3,691	258	128	241	72		3,328	61	7,876		1,323	4,224	2,577	313	1,813	10,079	58.7%	3.0%
日清製粉グループ本社	食品	日本	77	-7	68	9	331	4,157	-295	3,252	127	234	24	520		830	284	9,420	10,075	783	2,132	3,033	346	1,124	24,433	73.0%	1.8%
明治 HD	食品	日本	60	0	57	3	742	7,707	388	6,020	806	563	10	316		609	179	17,290	7,242	-668	3,142	2,568	99	5,139	24,433	33.3%	0.4%
日本ハム	食品	国際	74	-5	68	6	222	4,532	80	3,694	711	124	3	3	46	650		16,064	10,986	-599	1,675	2,042	1,300	2,490	25,750	45.1%	4.8%
サッポロ HD	食品	日本	58	-2	49	9	114	903	13	434	406	35	28			154		6,676	3,554	-33	883	1,013	118	-110	10,112	112.2%	1.2%
アサヒグループ HD	食品	国際	233	-5	208	25	2,060	13,716	981	11,665	1,618	203	240	203		374	257	29,920	6,645	-120	3,751	11,105	164	2,611	36,401	81.0%	0.4%
キリン HD	食品	国際	178	2	148	30	1,914	11,538	630	10,638	255	581	64		34	881		30,538	4,012	958	3,340	11,189	914	349	33,636	97.0%	2.6%
宝 HD	食品	日本	60	-2	59	1	387	1,885	145	1,638	20	89	8	130		918	237	5,171	190	237	3,645	638	190	1,247	4,981	33.8%	3.7%
キッコーマン	食品	国際	60	-2	57	2	608	3,507	341	3,295	137	47	28			993	137	7,775	612	68	4,181	952	572	2,555	7,815	27.1%	6.8%
味の素	食品	国際	124	-2	110	14	1,400	6,880	272	6,523	0	236	121			1,328		34,615	8,703	371	1,588	3,256	3,335	3,624	39,983	47.3%	7.7%
ニチレイ	食品	国際	98	-5	80	18	334	2,077	153	1,873	55	21	5	123	46	278	42	15,766	2,656	434	1,127	918	221	1,159	18,201	44.2%	1.2%
JT	食品	国際	237	-11	223	14	5,935	41,267	1,813	30,899	7,364	2,441	563	206	55	8,669	42	52,640	6,726	-2,957	6,951	18,557	5,819	22,710	53,547	45.0%	9.8%
帝人	繊維	国際	119	26	98	21	91	3,755	183	434	781	361	155		13	1,403	257	22,484	2,015	607	1,670	2,025	2,874	1,730	21,625	53.9%	11.7%
東レ	繊維	国際	310	-7	266	44	1,119	12,655	-305	10,371	1,032	920	38	416		568	853	48,682	4,012	-160	2,600	6,976	352	4,535	41,690	55.1%	14.4%
王子 HD	パルプ・紙	国際	217	8	196	21	950	7,924	543	6,076	859	535	38	416		568	600	37,845	352	-2,237	2,094	3,389	3,846	4,535	37,493	42.8%	0.9%
日本製紙	パルプ・紙	国際	67	3	55	12	-245	2,360	387	2,228	443	117	122	115		676	56	15,959		-170	1,479	1,587	5,060	773	10,899	67.2%	31.7%
クラレ	化学	国際	79	1	77	2	841	5,195	-634	2,164	234	256	10	58	53	202	906	11,703	1,329	392	3,986	3,636	4,251	1,559	8,781	70.0%	32.6%
旭化成	化学	国際	328	17	285	43	1,215	14,432	386	3,999	872	1,287	401	523		2,479	2,650	48,897	8,703	2,146	3,381	4,958	8,787	9,474	40,110	34.4%	18.0%
レゾナック HD	化学	国際	120	-16	108	12	594	2,864	-1,718	11,423	798	100	43	6		1,867	720	25,803	2,656	-251	1,110	2,834	3,322	30	22,481	99.0%	12.9%
住友化学	化学	国際	239	-7	239		2	10,657	-48	11,423	1,081	264	1,477		257	3,058		33,572	6,726	-1,282	2,862	3,233	6,637	7,424	30,598	30.3%	17.8%
日産化学	化学	日本	11	2	9	2	558	2,055	-1,168	8,916	0	4	14	77		296	17	2,965	352	244	6,195	1,634	1,959	421	1,358	79.5%	59.1%
東ソー	化学	日本	109	0	95	14	900	7,051	93	1,824	136	204	74	100		1,194	87	14,266		408	4,943	5,488	3,744	1,563	10,420	77.8%	27.0%
トクヤマ	化学	日本	67	3	56	11	148	2,219	190	6,230	443	219	74	41		676	56	5,909	449	261	3,490	1,658	2,459	561	3,899	74.7%	38.7%
デンカ	化学	日本	54	-7	44	10	280	2,550	33	1,849	234	256	10	164		202	111	6,406	1,136	83	3,381	1,812	4,198	738	3,344	71.1%	55.7%
信越化学	化学	日本	102	5	99	3	10,202	35,187	3,167	33,102	1,283	369	118	315	36	12,473	2,979	25,717		763	13,682	6,194	3,481	28,993	22,236	17.6%	13.5%
三井化学	化学	国際	162	5	135	27	1,173	6,793	565	5,751	578	202	262	153		1,863		18,933	5,993	153	3,588	3,601	5,042	3,192	13,891	53.0%	26.6%
三菱ケミカルグループ	化学	国際	593	-32	442	151	1,680	16,201	1,018	2,858	500	797	1,023	6	195	2,972		68,639		-1,449	2,171	4,908	430	11,293	74,202	30.3%	0.6%
UBE	化学	日本	80	-1	77	3	1,324	3,109	322	2,810	4,644	72	26	27	12	307	237	8,028		-1,821	3,873	1,595	2,216	1,514	5,812	51.3%	27.6%
花王	化学	日本	42	-4	40	2	-479	4,051	-448	2,580	17,288	50	66	54	50	2,682		35,411	8,183	-1,128	2,045	6,709	8,403	2,207	35,191	75.2%	19.3%
DIC	化学	国際	189	1	169	20	399	3,553	-327	2,580	404	387	42	269	84	626	-173	22,743		-1,525	1,562	2,289	3,744	1,264	18,999	64.4%	16.5%
富士フイルム HD	化学	米国	303	-8	273	30	2,822	26,700	5	2,228	942	219	319			2,686		73,878	9,635	-2,684	3,197	12,197	811	14,503	82,702	45.7%	1.0%
資生堂	化学	国際	90	6	74	16	504	5,148	-2,601	26,162	736	253	210		13	1,190		33,414	5,833	-193	1,312	4,775	4,283	373	34,964	92.8%	10.9%
協和キリン	医薬品	国際	97	4	94	3	1,468	8,765	412	3,949	500	400			41	3,300		26,070	2,123	756	3,109	5,639	6,285	3,126	21,908	64.3%	22.3%
武田薬品工業	医薬品	国際	41	4	39	2	676	7,574	322	7,863	3	69				3,392		5,982		230	12,661	5,838	4,002	1,736	1,980	77.1%	66.9%
アステラス製薬	医薬品	国際	197	-27	180	17	3,751	40,612	2,310	2,858	4,644	1,276	6,637			5,335		49,095	5,486	1,748	8,272	30,344	4,867	10,268	43,609	74.7%	11.2%
住友ファーマ	医薬品	国際	80	-1	77	3	1,324	11,407	-448	15,411	17,288	248	264		195	3,768		14,484		-38	7,876	9,444	430	1,963	9,617	82.8%	33.6%
塩野義製薬	医薬品	日本	42	-4	40	2	2,203	4,051	-2,565	9,082	1,813	72			12	1,435		6,250		-237	6,482	6,735	2,458	-2,684	3,224	166.3%	39.6%
中外製薬	医薬品	国際	48	-4	45	3	2,203	9,687	-2,565	2,810	0		129		50	3,092		5,680	524		15,614	6,638	5,103	3,049	3,746	68.5%	65.7%
エーザイ	医薬品	国際	15	-2	15		5,312	13,707	1,057	9,406	152	57				2,222		7,771		107	17,639	12,570	2,458	1,137	2,668	91.7%	37.0%
第一三共	医薬品	日本	48	-2	47	1	545	6,359	2,405	12,934	688	111	28			2,674		11,076		-246	5,741	4,477	3,043	1,882	8,033	70.4%	27.5%
大塚 HD	医薬品	国際	51	0	49	2	1,269	12,577	227	5,228	788	246	232			4,419		17,435		977	7,214	9,821	5,736	2,756	11,679	78.1%	33.0%
エーザイ	医薬品	国際	195	-4	167	28	1,730	20,795	589	12,318	5,066	160	37	889	15	4,716		33,482	5,386	658	5,350	10,274	147	10,521	38,721	49.4%	0.4%
出光興産	石油	日本	144	1	120	24	3,215	14,537	647	15,532	5,066	604	39		300	1,031	-46	14,363	4,864	224	7,561	9,579	5,089	4,958	14,138	65.9%	26.5%

注：①今回より、主要企業の内部留保一覧は、日経平均株価採用銘柄225社を紹介する。今回のため、今回は省略した。
②銀行の「みずほFG」と陸運の「NIPPON EXPRESSHD」は会社設立が2022年10月、12月のため、今回は省略した。
③HDはホールディングス（持株会社）の略。銀行のFGはフィナンシャルグループの略。
④「従業員1人当たり（万円）」の内部留保額は「正規従業員数（正規従業員数＋臨時従業員数）」で除したもの。「臨時従業員数」が空欄の企業は、全体の比率が10%未満である。

出典①

企業名	業種	会計基準	当期合計社数	前年比	連結子会社数	持分法適用会社社数	経常利益（億円）	内部留保額（億円）	前年比	連結利益剰余金	資本剰余金	退職給付引当金	長期引当金	その他有価証券評価差額金	資産除去債務（億円）	うち現金および現金同等物（億円）	為替換算調整勘定（億円）	正規従業員数	臨時従業員数	前年比	従業員1人当り（万円）	提出会社 内部留保	提出会社 従業員数	差 内部留保	差 従業員数	親会社 内部留保	親会社 従業員数
ENEOS HD	石油	国際	760	-4	592	168	2,574	28,031	-220	16,356	9,324	2,094	257		1,080	3,115		44,617	13,008	2,343	4,864	19,469	873	8,562	56,752	69.5%	1.5%
横浜ゴム	ゴム	国際	109		109		716	4,828	397	4,322	313	156	37			756		28,468		1,246	1,696	3,544	5,399	1,284	23,069	73.4%	19.0%
ブリヂストン	ゴム	国際	389	-25	255	134	4,235	29,019	1,866	24,982	1,195	1,551	1,291			5,189		129,262		-6,374	2,245	13,778	13,903	15,241	115,359	47.5%	10.8%
AGC	窯業	国際	225	-8	201	24	585	10,556	-286	8,898	971	456	231		13	2,097		57,609		1,859	1,695	6,879	7,412	3,677	54,867	65.2%	11.9%
日本板硝子	窯業	国際	204	-5	184	20	-219	778	-1,041	-1,547	1,557	507	261	142		685	170	24,880	2,508	-218	284	2,114	1,707	-1,336	25,681	271.7%	6.2%
日本電気硝子	窯業	日本	26	0	25	1	341	5,056	142	4,464	343	13	94	221		1,069		6,349	584	98	7,963	4,284	1,687	772	4,662	84.7%	26.6%
住友大阪セメント	窯業	日本	42	2	38	4	-78	1,415	-268	1,078	106	9	113	120	3	145	2	2,896	943	412	4,066	987	1,243	428	2,237	69.8%	35.7%
太平洋セメント	窯業	日本	149	-1	111	38	10	4,373	-375	3,429	497	214	120		94	708	137	12,720		200	3,201	2,121	1,841	2,252	11,822	48.5%	13.5%
東海カーボン	窯業	日本	32	-1	31	1	425	2,224	110	1,918	138	66	6	96		494	377	4,378	434	75	4,622	1,237	763	987	4,049	55.6%	15.9%
TOTO	窯業	日本	52	-1	48	4	548	4,152	266	3,450	294	206	27	175		975	296	34,152	2,637	-462	1,216	2,870	7,934	1,282	26,218	69.1%	23.2%
日本ガイシ	窯業	日本	49	-26	47	2	659	5,502	232	4,405	703	203	20	171		1,689	428	20,077	15,992	-281	2,422	3,250	4,547	2,252	18,167	59.1%	20.0%
日本製鉄	鉄鋼	国際	457	360	360	97	8,668	36,751	5,677	30,791	3,994	1,854	112	349		6,704		106,068	15,992	-1,746	3,011	18,972	28,331	17,779	93,729	51.6%	23.2%
神戸製鋼所	鉄鋼	日本	196	-42	161	35	1,068	7,509	510	4,728	1,164	714	554	349		2,034	326	38,488	6,540	1,140	1,668	4,510	11,368	2,999	33,660	60.1%	25.2%
JFE HD	鉄鋼	国際	415	2	326	89	2,103	21,915	808	13,977	6,405	1,207	326		319	1,194	-5	64,241		-55	3,411	9,444		12,471	64,186	43.1%	0.1%
大平洋金属	非鉄・金属	日本	9	0	9		-50	594	-87	505	35	1	15	38		172	8	468		-5	12,692	430	422	164	46	72.4%	90.2%
SUMCO	非鉄・金属	日本	14	0	14		1,113	3,435	486	2,343	853	236	3	0	37	2,593	118	9,189	1,182	891	3,312	2,728	4,622	707	5,749	79.4%	44.6%
三井金属	非鉄・金属	日本	59	0	52	7	199	2,371	43	1,831	187	284	35	34		268	107	12,115	1,069	204	1,798	1,379	2,252	992	10,932	58.2%	17.1%
三菱マテリアル	非鉄・金属	日本	134	-9	112	22	253	4,717	-260	3,389	819	244	223	42	319	1,411	338	18,576	2,765	-6,175	2,210	2,895	5,450	1,822	15,891	61.4%	25.5%
住友金属鉱山	非鉄・金属	国際	65	0	52	13	2,299	13,731	940	12,663	898	44	126	49		2,150	49	7,330	647	49	17,213	10,085	2,728	3,646	5,249	73.4%	34.2%
DOWA HD	非鉄・金属	日本	100	-2	87	13	555	3,243	192	2,635	252	210	6	140	16	378	106	7,569	2,998	173	3,069	1,130	84	2,113	10,483	34.8%	0.8%
古河電気工業	非鉄・金属	日本	126	3	111	15	196	2,745	66	1,888	232	382	138	105		520	145	51,314	535	447	519	1,873	4,267	872	47,047	68.2%	8.3%
住友電気工業	非鉄・金属	日本	414	383	383	31	1,733	17,363	909	13,830	1,668	458	57	1,350		2,794	853	289,191	45,525	5,366	519	7,393	7,144	9,970	327,572	42.6%	2.1%
フジクラ	非鉄・金属	日本	102	-6	92	10	679	2,061	360	1,611	805	160	39	21		1,066	393	54,762	7,776	1,168	330	805	2,108	1,256	60,430	39.1%	3.4%
日本製鋼所	機械	日本	35	0	33	2	150	1,542	63	1,311	55	112	34	30	14	864	12	4,966	830	3	2,660	1,228	1,758	314	4,038	79.6%	30.3%
オークマ	機械	日本	15	0	15		264	1,918	170	1,393	417	31	8	98		647	81	3,969	320	134	4,472	1,461	2,281	457	2,008	76.2%	53.2%
ナブテスコ	機械	国際	88	0	85	3	496	4,391	188	2,883	1,439	903	31	38		986	184	8,958		320	4,902	3,411	2,550	980	6,408	77.7%	28.5%
コマツ	機械	米国	251	-4	211	40	4,764	24,982	2,515	21,633	1,359	903	1,087	48	505	2,900	2,853	64,343	6,265	627	3,538	9,454	12,208	15,528	58,400	37.8%	17.3%
住友重機械工業	機械	日本	148	-2	144	4	433	5,020	-240	4,136	252	364	220	76	300	937	627	25,211	6,243	1,981	1,991	1,434	3,849	3,586	21,362	28.6%	15.3%
SMC	機械	日本	44	0	44		3,060	16,869	1,618	15,961	733	76	23			4,913	1,981	22,988	2,267	568	5,771	12,109	6,035	4,760	23,196	71.8%	20.6%
日立建機	機械	国際	102	0	79	23	1,127	5,737	529	4,632	757	207	141	76	31	1,120	568	25,430	12,213	2,267	2,529	3,208	5,621	2,529	22,076	55.9%	20.3%
クボタ	機械	国際	217	20	198	19	2,339	16,965	1,035	15,351	792	143	679	10		2,258	15,916	50,352		568	2,712	5,835	12,474	11,130	50,091	34.4%	19.9%
荏原製作所	機械	国際	113	9	112	1	695	2,901	160	1,850	768	84	199		26	1,161	723	19,095		15,916	1,519	2,291	4,285	610	14,810	79.0%	22.4%
ダイキン工業	機械	日本	363	26	347	16	3,662	19,671	1,870	17,122	795	182	1,052	520		5,482	9,651	96,337	10,790	723	1,836	10,178	7,618	9,493	94,509	51.7%	4.2%
日本精工	機械	国際	108	2	92	16	319	5,154	17	5,154	805	160	57			1,601	-880	29,882	2,786	9,651	1,578	2,942	7,986	2,212	24,682	57.1%	24.4%
NTN	機械	日本	70	1	60	10	120	1,747	71	692	680	349	13			1,107	-356	23,027		-880	759	1,489	5,647	258	17,380	85.2%	24.5%
ジェイテクト	機械	日本	142	-18	128	14	559	6,744	383	4,758	1,071	706	209			1,239	-1,465	46,053	5,034	-140	1,320	4,150	11,412	2,594	39,675	61.5%	22.3%
日立造船	機械	日本	70	-5	62	8	178	1,426	163	847	82	214	106	10	31	849	-140	11,400		-315	1,251	797	4,046	629	7,354	55.9%	35.5%
IHI	機械	国際	162	7	117	45	649	5,104	392	2,519	467	1,676	442			1,247	-2,014	28,486	2,714	-315	1,792	3,677	7,768	1,427	20,718	72.0%	27.3%
三菱重工業	機械	国際	289	-7	254	35	1,911	16,261	1,392	12,182	413	761	2,905	142		3,477	9,610	76,859	7,458	-2,014	1,929	15,037	21,634	3,050	62,683	92.5%	25.7%
日立製作所	電気機器	国際	144	24	144		961	5,551	668	3,827	1,410	954	241	7		1,447		87,752	23,505	9,610	499	2,501	4,620	3,050	106,637	45.1%	18.6%
三菱電機	電気機器	国際	310	-26	284	56	8,200	43,508	3,053	36,372		954	3,903			8,333		322,525		-45,222	499	31,210	28,672	12,298	293,853	71.7%	8.9%
富士通	電気機器	国際	963	-177	696	267	2,922	31,340	1,780	26,361	2,029	1,538	1,412	223	38	6,459	3,959	149,655	6,265		2,094	15,121	35,136	16,219	114,519	48.2%	23.5%
セイコーエプソン	電気機器	国際	249	7	209	40	878	5,287	413	4,758	460	603	119	209		842	273	124,055			1,755	3,366	10,558	1,921	19,565	63.7%	35.0%
パナソニックHD	電気機器	国際	74		70	4	711	3,395	387	2,713	289	287	106			423	142	13,094	1,928		2,260	1,913	3,188	1,482	11,834	55.9%	21.2%
シャープ	電気機器	米国	590	-8	523	67	-305	3,305	529	598	985	93	233	265		2,066	-986	233,391			2,432	3,516	4,621	3,301	23,413	56.3%	16.5%
ソニーグループ	電気機器	米国	70	-5	62	8	984	6,817	463	5,718	467	720	21	10		1,053		46,200			715	2,445	110,555	35,132	110,555	44.8%	2.2%
GSユアサコーポレーション	電気機器	国際	162	7	117	45	242	5,104	62	1,035	532	54	537	142		14,809	417	113,000	2,714	-13,900	5,636	28,550	14	35,132	97,006	56.9%	0.1%
NEC	電気機器	国際	340	24	284	56	1,677	11,741	735	7,646	1,650	1,791	654	223		4,195	1,109	118,527	1,788	1,109	991	6,868	22,036	4,873	96,491	58.5%	18.6%
富士電機	電気機器	国際	310	-26	291	19	3,719	16,049	1,078	12,296	2,425	954	404	191		3,559	-1,097	124,055	11,738	-1,097	1,182	11,581	35,092	4,468	100,701	72.2%	25.8%
TDK	電気機器	国際	80	1	77	3	1,038	6,404	358	5,263	840	132	169	191		2,674	2,264	79,906		-6,807	801	4,525	12,918	1,879	66,988	70.7%	16.2%
アルプスアルパイン	電気機器	国際	127	7	123	67	3,164	33,268	1,751	25,888	5,158	536	1,686			8,195	-1,741	233,391	1,946	-125	1,425	15,725	1,347	17,543	42,044	47.3%	0.6%
横河電機	電気機器	日本	39	2	39		-305	3,305	387	598	1,489	287	233		-23	2,066		29,926		-1,741	715	2,116	5,321	1,189	40,879	56.3%	11.5%
アドバンテスト	電気機器	国際	81	2	123	39	11,803	63,682	8,319	46,146	14,638	720	537	265		14,809	-13,900	6,544	548	642	5,495	1,722	1,988	386	5,104	90.1%	28.0%
キーエンス	電気機器	国際	29	-1	28	1	5,128	24,403	3,040	24,038	305	24	13	23		3,440	1,619	10,580		1,619	23,065	22,115	2,788	2,288	7,792	90.6%	26.4%

2023年3月決算

企業名	業種	会計基準	当期合計社数	前年比	連結子会社社数	持分法適用会社社数	経常利益(億円)	内部留保額(億円)	前年比	連結利益剰余金	資本剰余金	退職給付引当金	長期引当金	その他有価証券評価差額金	資産除去債務(億円)	うち現金および現金同等物(億円)	為替換算調整勘定(億円)	正規従業員数	臨時従業員数	前年比	従業員1人当り(万円)	提出会社内部留保	提出会社従業員数	提出会社との差・内部留保	提出会社との差・従業員数	親会社内部留保割合	親会社従業員留保割合
デンソー	電気機器	国際	273	-9	190	83	4,569	38,498	1,413	32,122	2,737	2,493	1,146			7,339		164,572	30,899	-2,480	1,969	27,449	44,758	11,049	150,713	71.3%	22.9%
カシオ計算機	電気機器	日本	41	-3	39	2	196	1,824	19	1,267	501	7	30	19		1,302	85	9,732	1,218	-366	1,666	1,455	2,525	369	8,425	79.8%	23.1%
ファナック	電気機器	日本	10	0	8	2	2,313	16,940	773	15,157	963	552	131	137		4,770	679	9,432	2,100	872	14,690	13,239	4,515	3,701	7,017	78.2%	39.2%
京セラ	電気機器	日本	297	-1	287	10	1,762	20,569	478	19,124	1,191	86	168		65	3,735	131	81,209		-1,792	2,533	23,588	21,010	-3,019	60,199	114.7%	25.9%
太陽誘電	電気機器	日本	33	-2	32	1	348	2,904	132	2,338	499	4	168	6		841		21,819	2,903	-493	1,331	1,641	2,903	1,263	18,916	56.5%	13.3%
村田製作所	電気機器	米国	87	24	86	1	3,149	23,727	1,605	21,860	1,211	633	23			4,694		73,164	2,222	-4,325	3,147	8,004	10,089	15,723	65,297	33.7%	13.4%
スクリーンHD	電気機器	日本	56	-3	55	1	774	2,722	490	2,296	103	10	127	186		1,737	30	5,987	602	59	4,131	1,199	414	1,523	6,175	44.0%	6.3%
キヤノン	電気機器	米国	340	-3	330	10	3,524	43,421	681	37,292	4,048	1,892	189		1	3,621		180,775		-3,259	2,402	24,572	24,717	18,849	156,058	56.6%	13.7%
リコー	電気機器	米国	240	16	219	21	813	6,998	-198	4,707	1,585	411	295			2,109		81,017		2,657	864	2,933	7,470	4,065	73,547	41.9%	9.2%
東京エレクトロン	電気機器	日本	28	1	27	1	6,252	16,040	2,369	13,222	780	604	359	1,075	53	4,725	431	17,204		-1,570	9,323	10,749	1,969	5,291	15,235	67.0%	11.4%
ニデック	電気機器	日本	347	3	343	4	1,206	13,172	155	11,292	977	323	580			1,861		106,592	21,410	-14,346	1,029	3,224	2,176	9,948	125,826	24.5%	1.7%
ルネサスエレクトロニクス	電気機器	国際	104	-10	104		3,623	12,094	2,538	8,286	3,484	241	83		32	3,361	55	21,017		55	5,754	10,002	6,133	2,092	14,884	82.7%	29.2%
三井E&S	造船	日本	118	-1	47	71	125	759	203	286	106	50	180		17	435	107	5,747	429	-1,441	1,462	1,454	40	-695	6,136	191.6%	0.6%
川崎重工業	造船	国際	124	3	104	20	703	5,593	784	3,803	557	916	317		16	1,384	75	38,254		1,667	1,099	2,417	13,662	3,176	24,592	43.2%	35.7%
日産自動車	自動車	国際	278	2	239	39	5,154	54,153	2,038	40,479	8,112	1,849	3,684	29		20,144	-1,117	131,719	15,397	-2,738	3,681	16,052	23,525	38,101	123,591	29.6%	16.0%
いすゞ自動車	自動車	日本	135	-5	98	37	2,699	12,228	793	10,218	420	944	201	425		3,644	792	44,495	15,146	1,022	2,047	8,068	8,056	4,140	51,585	66.1%	13.5%
トヨタ自動車	自動車	米国	737	9	569	168	36,687	320,519	21,191	283,433	4,987	10,655	21,444		1	75,170		375,235	94,974	10,272	6,817	209,296	70,056	111,223	400,153	65.3%	14.9%
日野自動車	自動車	日本	88	-6	74	14	158	4,754	-625	1,614	660	425	1,542	513	16	757	75	34,231	9,024	402	1,099	3,279	12,244	1,475	31,011	69.0%	28.3%
三菱自動車工業	自動車	日本	52	-1	35	17	1,820	6,505	1,845	3,384	1,996	367	748	10		5,959	-54	28,428	8,123	-193	1,780	2,970	13,671	3,535	22,880	45.7%	37.4%
マツダ	自動車	日本	90	1	70	20	1,859	11,000	1,107	6,992	2,630	182	1,024	202		7,171	142	48,481		-269	2,275	8,319	22,832	2,711	25,649	75.4%	47.1%
ホンダ	自動車	米国	382	-24	313	69	8,796	111,148	5,350	99,801	1,856	2,559	6,932		32	38,030	-867	197,039	25,249	-8,816	5,000	35,293	33,065	75,855	189,223	31.8%	14.9%
スズキ	自動車	国際	152	1	120	32	3,828	23,704	1,613	18,132	1,382	665	2,346	1,179		8,821		70,012	44,891	5,208	2,063	10,652	16,550	13,052	98,353	44.9%	14.4%
SUBARU	自動車	国際	83	0	73	10	2,784	22,114	1,136	8,940	1,602	1,824	2,451			2,968	-557	37,521	8,084	333	4,849	12,099	17,228	10,015	28,377	54.7%	37.8%
ヤマハ発動機	自動車	日本	153	-7	127	26	2,393	10,847	1,243	8,743	681	493	441	292		1,873		52,554	11,608	1,875	1,691	5,346	10,193	5,501	53,969	49.3%	15.9%
テルモ	精密機器	国際	103	-3	99	4	1,161	9,326	259	8,743	518	47	18		19	1,806		30,207		1,913	3,087	7,382	5,457	1,944	24,750	79.2%	18.1%
コニカミノルタHD	精密機器	国際	171	3	168	3	-1,019	4,029	-913	1,647	2,042	88	252		64	1,806		39,775		654	1,013	2,929	4,407	1,100	35,368	72.7%	11.1%
ニコン	精密機器	国際	92	6	80	12	571	5,477	-114	5,271	71	66	69		54	2,113	353	18,790		353	2,915	3,291	4,184	2,186	14,606	60.1%	22.3%
オリンパス	精密機器	国際	108	0	105	3	1,823	5,180	439	3,711	922	204	343		32	2,055		32,844		1,138	1,540	3,376	2,727	1,804	30,902	65.2%	8.1%
HOYA	精密機器	国際	152	0	141	11	2,158	7,775	-498	7,530	159	40	46			4,059		36,571		-1,805	2,126	3,314	3,021	4,461	33,550	42.6%	8.3%
シチズンHD	精密機器	国際	76	-2	74	2	291	2,137	17	1,505	337	166	27	102	32	792	257	12,256	3,146	-759	1,387	1,129	762	1,008	14,640	52.8%	4.9%
バンダイナムコHD	その他製造	日本	73	-3	68	5	1,280	6,471	575	5,239	529	37	39	627		9,795	110	10,563	9,491	1,380	3,227	3,617	43	2,854	20,011	55.9%	0.2%
凸版印刷	その他製造	日本	221	-15	219	2	812	12,933	-365	9,880	1,208	539	111	1,195		4,476	337	53,946	5,561	-602	2,173	10,163	10,843	2,770	48,664	78.6%	18.2%
大日本印刷	その他製造	日本	125	-1	107	18	837	11,060	-762	7,377	1,451	547	297	1,388	59	2,583	141	36,246	19,447	1,330	1,986	6,779	10,107	4,281	45,586	61.3%	18.1%
ヤマハ	その他製造	国際	62	7	58	4	506	4,484	296	4,282	18	141	43		19	1,039		20,027	8,225	-506	1,587	3,461	2,385	1,023	25,867	77.2%	8.4%
双日	商社	国際	422	-8	290	132	1,550	6,550	1,117	4,222	1,476	227	625	102	459	2,473		20,669	5,754	810	2,479	4,635	2,027	1,915	24,396	70.8%	7.7%
伊藤忠商事	商社	国際	723	-39	558	165	11,069	44,163	5,891	44,272	-1,693	969	615	627	1,243	6,060	209	110,698	44,705	-2,916	2,842	17,434	4,112	26,729	151,291	39.5%	2.6%
丸紅	商社	国際	480	17	317	163	6,517	20,100	3,466	10,728	1,073	466	779	348	426	6,089	4,445	45,995	7,102	-48	3,786	7,852	4,340	12,248	48,757	39.1%	8.2%
豊田通商	商社	国際	1,007	7	775	232	4,271	16,883	1,263	15,266	438	462	717		482	7,716	198	66,944	5,514	2,828	2,330	8,852	2,626	8,031	69,832	52.4%	3.6%
三井物産	商社	国際	513	4	297	216	13,953	53,762	6,848	48,405	3,819	370	1,168	1,195	3,352	13,901	337	46,811	9,063	2,669	9,622	26,663	5,449	27,099	50,425	49.6%	9.8%
住友商事	商社	国際	886	-7	636	250	7,229	30,592	4,523	27,074	2,541	218	759	1,388	313	6,569		78,235	30,222	6,035	2,821	13,006	5,068	17,586	103,389	42.5%	4.7%
三菱商事	商社	国際	1,737	63	1,321	416	16,806	66,092	9,009	62,751	2,259	1,185	2,155	13,735	2,801	15,570	458	79,706	25,561	1,524	6,279	38,631	4,388	27,461	100,879	58.5%	4.2%
Jフロントリテイリング	小売業	日本	29	2	20	9	169	3,536	56	1,422	1,891	168	55		65	399		5,115	2,143	-890	3,114	2,138	151	1,398	7,107	60.5%	2.1%
三越伊勢丹HD	小売業	日本	44	1	37	7	300	5,464	271	1,627	3,236	335	211	55		1,090		9,745	7,803	291	2,842	4,423	399	1,041	17,149	80.9%	2.3%
セブン&アイ・HD	小売業	国際	189	-8	165	24	4,759	30,089	1,974	25,325	4,089	191	54	348	1,551	16,748	4,445	84,154	83,094	-3,509	1,799	15,066	1,017	15,023	166,231	50.1%	0.6%
高島屋	小売業	日本	36	3	28	8	345	4,129	232	2,941	548	502	54	84	59	886		6,897	6,967	-533	2,978	2,471	4,012	1,658	9,852	59.8%	28.9%
丸井グループ	小売業	日本	10	1	10	0	364	3,154	106	1,551	920	624	59		17	524		4,435	1,447	-302	5,362	2,097	254	1,057	5,628	66.5%	4.3%
イオン	小売業	国際	328	16	301	27	2,037	9,284	-185	4,118	2,997	187	1,565	417	1,169	12,145	458	160,404	265,017	-5,036	218	5,655	444	3,629	424,977	60.9%	0.1%
ファーストリテイリング	小売業	国際	131	-2	128	3	4,136	13,036	2,227	12,751	278	7			504	13,583		57,576	56,113		1,147	8,868	1,698	4,168	111,991	68.0%	1.5%
コンコルディアFG	銀行	日本	16	0	12	4	799	10,661	192	7,414	2,474	7	869			62,569	8	5,604	3,325	-604	11,940	7,646	9	3,015	8,920	71.7%	0.1%
あおぞら銀行	銀行	日本	26	0	25	1	74	3,934	-610	2,919	875	113	481	-454		63,642	77	2,442	177	94	15,021	3,647	1,980	287	639	92.7%	75.6%
三菱UFJ FG	銀行	日本	292	-13	246	46	10,207	154,189	-5,358	127,392	3,497	864	14,426	8,010		1,136,302	17,928	127,122	22,900	-8,627	10,278	68,394	3,117	85,795	146,905	44.4%	2.1%
りそなHD	銀行	日本	40	3	33	7	2,277	26,903	296	19,635	1,345	95	2,397	3,431		222,576	-9	19,283	8,833	-1,221	9,569	10,002	1,554	16,901	26,562	37.2%	5.5%
三井住友トラスト・HD	銀行	日本	88	-4	58	30	2,858	27,777	386	18,030	5,461	137	1,567	2,582		191,726	245	22,465	2,271	512	11,229	12,811	285	14,966	24,451	46.1%	1.2%
三井住友FG	銀行	日本	492	199	184	308	11,609	104,380	1,672		6,941	354	9,114	13,735		408,642	8,436	105,955	9,793	4,090	9,018	12,811	285	91,569	115,463	12.3%	0.2%
千葉銀行	銀行	日本	40	3	33	7	870	10,000	111	7,555	1,221	45	340	839		40,452		4,164	2,545	-132	14,905	9,069	3,695	931	3,014	90.7%	55.1%
ふくおかFG	銀行	日本	26	1	26	0	501	9,221	-554	5,916	1,413	11	1,929	-48	19	77,084		7,546	2,754	-435	8,952	4,496	273	4,725	10,027	48.8%	2.7%

企業名	業種	会計基準	連結子会社数および持分法適用関連会社数 当期合計社数	前年比	連結子会社社数	持分法適用会社社数	経常利益(億円)	内部留保額(億円)	前年比	連結利益剰余金(内部留保内訳 億円)	資本剰余金	退職給付引当金	長期引当金	その他有価証券評価差額金	資産除去債務(億円)	うち現金および現金等同物(億円)	為替換算調整勘定(億円)	正規従業員数(人)	臨時従業員数	前年比	従業員1人当り(万円)	提出会社 内部留保	提出会社 従業員数	提出会社との差 内部留保	提出会社との差 従業員数	親会社が占める割合 内部留保	親会社が占める割合 従業員数
みずほFG	銀行	日本	203	16	178	25	7,896	76,325	1,338	50,939	11,293	684	7,764	5,645		658,257	1,441	51,212	13,190	-2,037	11,851	34,240	2,270	42,085	62,132	44.9%	3.5%
大和証券グループ本社	証券	日本	162	3	140	22	869	11,999	-601	8,862	2,303	443	144	247	0	38,356	748	14,731	241	-179	8,014	6,687	606	5,312	14,366	55.7%	4.0%
野村HD	証券	米国	1,446	100	1,432	14	1,495	23,922	-224	16,470	7,072	322	138	5,879	142	38,209		26,775	4,420	271	7,669	22,258	167	1,664	31,028	93.0%	0.5%
SOMPO HD	保険業	日本	86	0	74	12	1,225	18,314	-2,513	10,358	1,347	592	138			12,710	549	49,057	14,218	1,376	2,894	11,753	506	6,561	62,769	64.2%	0.8%
MS&AD HD	保険業	日本	113	12	101	12	2,311	30,184	-4,971	13,059	3,451	1,411	97	12,166		26,464	797	38,584	7,177	-2,304	6,596	12,835	418	17,349	45,343	42.5%	0.9%
第一生命HD	保険業	日本	54	34	48	6	4,109	27,705	-17,062	13,100	3,304	196	196	7,427		25,173	1,445	60,997	801	-1,263	4,542	9,806	801	17,899	60,196	35.4%	1.3%
東京海上HD	保険業	日本	180	2	172	8	5,039	32,785	-7,852	20,421		2,554	263	9,547		9,854	5,357	43,217	971	169	7,586	22,446	971	10,339	42,246	68.5%	2.2%
T&D HD	保険業	日本	21	0	17	4	-741	8,883	-4,021	5,042	640	408	44	2,749	22	11,656	351	20,016		987	4,229	6,370	123	2,513	20,880	71.7%	0.6%
クレディセゾン	その他金融	日本	82	41	41	41	610	7,832	591	4,812	836	14	2,170			1,597	372	5,840	3,669	398	8,236	6,626	3,966	1,206	5,543	84.6%	41.7%
オリックス	その他金融	米国	1,137	131	999	138	3,672	33,391	940	30,319	2,332	56	684			13,669	372	34,737	19,623	3,101	6,143	13,063	2,937	20,328	51,423	39.1%	5.4%
日本取引所グループ	その他金融	国際	10		7	3	682	3,229	82	2,755	388	85	85	1		988		1,238		3,101	26,082	1,063	204	2,166	1,034	32.9%	16.5%
東急不動産HD	不動産業	日本	231	30	191	40	996	6,056	366	3,925	1,657	299	50	125		1,706	268	21,614	8,452	45	2,014	2,341	89	3,715	29,977	38.7%	0.3%
三井不動産	不動産業	日本	393	26	300	93	2,654	23,416	543	14,996	3,666	457	27	4,270		13,223	677	24,706	13,962	431	6,056	18,600	1,973	4,816	36,695	79.4%	5.1%
三菱地所	不動産業	日本	380	6	271	109	2,718	14,734	-116	11,447	1,579	276	19	1,386	42	2,258	775	10,655	6,975	362	8,357	9,489	1,091	5,245	16,539	64.4%	6.2%
東京建物	不動産業	日本	51	4	29	22	635	3,198	191	1,895	665	130	5	503		824	46	5,878	4,687	135	3,027	3,001	760	197	9,805	93.8%	7.2%
住友不動産	不動産業	日本	49	-1	49		2,367	16,788	1,555	13,964	1,042	55	59	1,718	21	1,841	27	12,957	3,555	153	10,167	15,936	5,757	852	10,755	94.9%	34.9%
東武鉄道	鉄道・バス	日本	72	-1	69	3	548	3,855	279	2,580	520	440	59	256	42	691		18,599	11,456	-617	1,283	2,807	3,346	1,048	26,709	72.8%	12.9%
東急	鉄道・バス	日本	158	1	126	32	474	6,567	50	4,713	1,233	428	36	157		685	140	23,763	18,869	-203	1,540	4,616	1,482	1,951	41,150	70.3%	3.5%
小田急電鉄	鉄道・バス	日本	37	-2	35	2	251	3,410	338	2,524	581	90	40	175	21	675		12,629	5,821	-406	1,848	3,031	3,712	379	14,738	88.9%	20.1%
京王電鉄	鉄道・バス	日本	39	-7	38	1	218	3,344	88	2,603	422	220	9	90		710		12,692	5,013	-548	1,889	2,176	2,410	1,168	15,295	65.1%	13.6%
京成電鉄	鉄道・バス	日本	95	10	69	26	268	4,127	402	2,335	344	398	2	25		344		12,013	4,204	1,327	2,545	1,792	804	2,335	14,532	43.4%	10.4%
東日本旅客鉄道(JR東日本)	鉄道・バス	日本	80	5	69	11	1,109	29,043	742	21,320	964	4,458	1,868	433		2,150	3	69,235	24,190	-2,891	3,109	23,692	41,147	5,351	52,278	81.6%	44.0%
西日本旅客鉄道(JR西日本)	鉄道・バス	日本	65	-1	60	5	736	10,893	519	6,261	1,839	2,233	549	11		2,899		44,897	10,278	-2,113	1,974	7,470	21,727	3,423	33,448	68.6%	39.4%
東海旅客鉄道(JR東海)	鉄道・バス	日本	31	1	29	2	3,075	39,295	1,634	36,431	535	1,828	6	495	96	7,105		29,854	7,222	-724	10,599	37,102	18,727	2,193	18,349	94.4%	50.5%
ヤマトHD	陸運	日本	53	1	29	24	581	6,220	120	6,220	368	983	37	368		1,832	18	210,197		-6,676	296	2,486		3,734	210,197	40.0%	0.6%
日本郵船	海運	日本	733	35	525	208	11,098	21,502	6,168	20,189	449	153	382	329	387	1,962	2,074	35,502	11,043	180	4,620	8,845	1,299	12,657	45,246	41.1%	2.8%
商船三井	海運	日本	509	-8	385	124	8,116	16,719	4,493	15,716	0	92	586	325	478	910	1,716	8,748	2,485	192	14,884	6,355	1,168	10,364	10,065	38.0%	10.4%
川崎汽船	海運	日本	269	-4	237	32	6,908	13,751	5,399	13,028	291	64	303	65	933	3,468	1,034	4,918	488	-267	25,437	4,674	804	9,077	4,602	34.0%	14.9%
ANA HD	空運	日本	67	-2	54	13	524	6,458	307	2,256	2,736	1,324	142		224	6,392		36,039	856	809	1,750	5,482	12,969	976	23,926	84.9%	35.2%
日本航空	空運	日本	65		56	9	1,118	6,306	1,100	-211	4,073				15	7,265	25	40,507	2,287	-1,427	1,474	8,480	253	-2,174	42,541	134.5%	0.6%
三菱倉庫	倉庫	日本	51	1	48	3	300	3,450	-30	2,528	191	84	37	93	15	623	42	4,708	2,703	171	4,655	3,089	957	361	6,454	89.5%	12.9%
NTT	通信	国際	1,063	-30	918	145	18,177	97,279	6,835	81,501	2,794	13,623	2,155	102	387	7,939	3,470	338,651	43,002	3,470	2,549	50,290	2,454	46,989	379,199	51.7%	0.6%
KDDI	通信	国際	210	13	169	41	10,779	55,711	4,300	52,152	0	117	648	325	478	4,803	322	49,659	36,672	322	6,453	45,082	9,377	10,629	76,954	80.9%	10.9%
ソフトバンク	通信	国際	313	-6	239	74	8,629	22,193	5,702	13,920	8,851	350	1,072		933	20,592	6,263	54,986	21,954	6,263	2,884	8,187	19,045	14,006	57,895	36.9%	24.8%
NTTデータ	通信	国際	675	326	624	51	2,428	13,752	1,272	10,912	268	350	738			4,154	47,136	195,106	7,561	47,136	679	12,175	247	1,577	85,776	88.5%	6.3%
ソフトバンクグループ	通信	国際	1,871	-6	1,298	573	-4,691	49,758	-23,793	20,062	26,528	350	2,818		976	69,252	3,867	63,339	22,684	3,867	5,784	62,200	247	-12,442	85,776	125.0%	0.3%
東京電力HD	電気ガス業	日本	101	23	71	30	-2,854	34,884	2,412	8,409	7,562	3,189	15,622	102	10,557	7,174	883	38,007	2,406	-48	8,632	25,541	7,051	9,343	33,362	73.2%	17.4%
中部電力	電気ガス業	日本	134	5	62	72	651	16,402	-363	13,931	706	1,369	245	151	2,902	3,735	1,339	28,367		2	5,782	10,847	3,153	5,555	25,214	66.1%	11.1%
関西電力	電気ガス業	日本	99	-1	90	9	-67	17,335	-213	13,109	669	3,623	565	889	5,346	3,222		31,628	10,627	-1,437	4,102	9,018	8,474	8,317	33,781	52.0%	20.1%
東京ガス	電気ガス業	日本	117	-12	102	15	4,088	14,229	2,729	13,109	0	646	164	310	276	4,534	862	15,963		-734	8,914	9,291	3,060	4,938	12,903	65.3%	19.2%
大阪ガス	電気ガス業	日本	216	36	181	35	756	11,188	327	10,101	191	197	18	681		848	978	21,017	775	-1,712	5,134	6,778	1,163	4,410	20,629	60.6%	5.3%
エムスリー	サービス	国際	141	19	132	9	743	2,622	304	2,312	251	29	30			1,183	171	10,533	1,485	1,208	2,182	1,347	588	1,275	2,278	51.4%	4.9%
ディー・エヌ・エー	サービス	国際	84	17	48	36	136	2,119	157	1,936	156	34	5	280	2	977		2,951	653	700	5,880	1,809	1,326	310	2,278	85.4%	36.8%
ネクソン	サービス	国際	54	2	41	13	1,405	7,336	-16	7,033	183	8	112		31	4,094	3,818	7,467	357	1,003	9,376	1,564	266	5,772	7,558	21.3%	3.4%
電通グループ	サービス	国際	972	-27	881	91	1,009	7,661	-858	17,114	749	240	468	-15	160	6,037	6,755	69,066	12,780	5,108	1,109	5,637	129	2,024	68,937	73.6%	0.2%
ZHD	サービス	国際	165	-6	129	36	2,352	27,113	2,465	21,268	20,467	347	152	59	23	165,519	-7,242	28,385		1,577	6,586	21,268	339	5,845	40,826	78.4%	0.8%
トレンドマイクロ	サービス	日本	40	3	38	2	342	2,006	-99	1,666	278	74	3			1,680	645	7,669	821	645	2,616	917	1,977	1,089	6,848	45.7%	10.7%
サイバーエージェント	サービス	日本	109	-6	99	10	695	1,395	159	1,192	116	21	3			1,275	874	6,337	1,275	874	1,368	1,275	588	120	8,224	91.4%	19.4%
楽天グループ	サービス	国際	13	0	12	1	-4,079	4,846	-3,108	-2,540	3,538	347	3,501		112	46,944	3,818	32,079	1,915	3,818	1,511	7,057	8,409	-2,211	23,670	145.6%	26.2%
リクルートHD	サービス	国際	265	-14	257	8	3,678	18,293	2,576	17,114	338	229	229	612	112	8,774	6,755	58,493		6,755	3,028	14,040	128	4,253	60,280	76.8%	0.2%
日本郵政	サービス	国際	232	-26	218	14	6,575	74,074	-22,101	62,388	0	22,127	623	8,936		701,815	-1,161	227,369	142,436	-7,242	2,554	18,731	1,485	70,445	368,320	25.1%	0.4%
任天堂	サービス	日本	32	3	28	4	6,011	24,592	1,871	23,927	151	231	5	280	71	11,946	914	7,317		-600	33,609	23,629	2,779	5,861	4,538	96.1%	38.0%
セコム	サービス	日本	37	8	35	2	1,561	12,292	566	11,008	142	34	154	171		1,121	21	65,087	10,485	8,335	1,627	9,055	357	1,104	5,806	73.7%	21.1%
オリエンタルランド	サービス	日本	174	-3	158	16	1,118	8,823	743	7,485	703	239	3	188	42	5,136	105	8,945	12,928	3,388	4,034	8,295	15,923	3,237	59,649	94.0%	23.8%
コナミグループ	サービス	国際	25	-1	24	1	471	3,398	183	2,604	781	13	13	137	101	2,193	40	4,881	3,976	3,837	3,837	2,617	214	781	8,643	77.0%	2.4%

7-1

年	国内総生産(GDP)			消費者物価指数	現金給与総額(調査産業計)	春闘賃上げ 主要企業		労働分配率		人事院勧告	
	総額(名目)	前年比(名目)	前年比(実質)			額	率	全規模	大企業	引上額	引上率
	10億円	%	%	(2020年=100)	円	円	%	%	%	円	%
1975年(昭50)	148,327.1	10.5	3.1	53.1	177,213	15,279	13.1	63.5	61.8	15,177	10.85
1976年(51)	166,573.3	12.3	4.0	58.1	200,242	11,596	8.8	61.6	57.7	11,014	6.94
1977年(52)	185,622.0	11.4	4.4	62.8	219,620	12,536	8.8	62.6	60.7	12,005	6.92
1978年(53)	204,404.1	10.1	5.3	65.5	235,378	9,218	5.9	62.8	59.6	7,269	3.84
1979年(54)	221,546.6	8.4	5.5	67.9	247,909	9,959	6.0	59.7	54.6	7,372	3.70
1980年(55)	240,969.2	8.4	2.8	73.2	263,386	11,679	6.7	58.9	53.0	9,621	4.61
1981年(56)	259,034.0	7.5	2.9	76.7	279,096	14,037	7.7	60.5	54.8	11,528	5.23
1982年(57)	271,887.8	5.0	2.8	78.9	288,738	13,613	7.0	62.0	57.0	10,715	4.58
1983年(58)	282,803.3	4.0	1.6	80.3	297,289	8,964	4.4	61.7	57.2	15,230	6.47
1984年(59)	300,940.8	6.4	3.1	82.2	310,463	9,354	4.5	61.4	56.2	15,541	6.44
1985年(60)	323,541.2	7.5	5.1	83.8	317,091	10,871	5.0	61.9	58.9	14,312	5.74
1986年(61)	338,674.0	4.7	3.0	84.3	327,041	10,146	4.6	62.6	61.1	6,096	2.31
1987年(62)	352,530.0	4.1	3.8	84.4	335,944	8,275	3.6	60.2	58.8	3,985	1.47
1988年(63)	379,250.4	7.6	6.8	85.0	341,160	10,573	4.4	58.4	56.0	6,470	2.35
1989年(平01)	408,534.7	7.7	5.3	86.9	357,079	12,747	5.2	58.1	56.3	8,777	3.11
1990年(2)	440,124.8	7.7	5.2	89.6	370,169	15,026	5.9	57.6	56.9	10,728	3.67
1991年(3)	468,234.4	6.4	3.4	92.6	384,787	14,911	5.7	58.6	58.8	11,244	3.71
1992年(4)	480,492.1	2.6	1.0	94.1	392,608	13,662	5.0	60.3	61.9	9,072	2.87
1993年(5)	484,233.8	0.8	0.2	95.4	393,224	11,077	3.9	62.5	63.9	6,286	1.92
1994年(6)	486,551.7	1.2	1.1	96.0	401,128	9,118	3.1	62.4	62.5	3,975	1.18
1995年(7)	493,588.1	1.4	2.0	95.9	408,864	8,376	2.8	61.9	61.6	3,097	0.90
1996年(8)	504,261.9	2.2	2.7	96.0	413,096	8,712	2.9	62.1	61.1	3,985	0.95
1997年(9)	521,295.4	1.0	0.1	97.7	421,384	8,927	2.9	62.7	61.5	3,632	1.02
1998年(10)	510,919.2	△2.0	△1.5	98.3	415,675	8,323	2.7	64.0	64.3	2,785	0.76
1999年(11)	506,599.2	△0.8	0.5	98.0	396,291	7,005	2.2	64.3	61.9	1,034	0.28
2000年(12)	510,834.7	0.8	2.3	97.3	398,069	6,499	2.1	62.2	59.7	447	0.12
2001年(13)	501,710.6	△1.8	△0.4	96.7	397,366	6,328	2.0	63.6	62.9	313	0.08
2002年(14)	498,008.8	△0.7	1.1	95.8	387,638	5,265	1.7	62.5	59.8	△7,770	△2.03
2003年(15)	501,889.1	0.8	2.3	95.5	389,664	5,233	1.6	60.9	57.9	△4,054	△1.07
2004年(16)	502,760.8	0.2	1.5	95.5	376,964	5,348	1.7	59.4	55.1	0	0
2005年(17)	505,349.4	0.5	1.9	95.2	381,102	5,422	1.7	60.0	53.5	△1,389	△0.36
2006年(18)	529,033.5	0.6	1.4	95.5	384,401	5,661	1.8	59.2	52.3	0	0
2007年(19)	530,922.9	0.4	1.2	95.5	377,731	5,890	1.9	59.1	51.8	1,352	0.35
2008年(20)	509,482.0	△4.0	△3.4	96.8	379,497	6,149	1.99	63.7	62.0	0	0
2009年(21)	492,957.0	△3.4	△2.2	95.5	355,841	5,630	1.83	64.2	63.8	△863	△0.22
2010年(22)	504,872.1	1.5	3.3	94.8	360,276	5,516	1.82	62.0	57.8	△757	△0.19
2011年(23)	500,040.5	△1.0	0.5	94.5	361,161	5,555	1.83	63.1	60.6	△899	△0.23
2012年(24)	499,423.9	△0.1	0.6	94.5	356,649	5,400	1.78	62.7	59.5	0	0
2013年(25)	512,685.6	2.7	2.7	94.9	357,972	5,478	1.80	60.1	55.1	0	0
2014年(26)	523,418.3	2.1	△0.4	97.5	363,338	6,711	2.19	59.8	54.1	1,090	0.27
2015年(27)	540,739.4	3.3	1.7	98.2	357,949	7,367	2.38	58.9	51.9	1,469	0.36
2016年(28)	544,827.2	0.8	0.8	98.1	361,593	6,639	2.14	58.9	52.8	708	0.17
2017年(29)	555,711.9	2.0	1.8	98.6	363,295	6,570	2.11	57.7	50.9	631	0.15
2018年(30)	556,650.0	0.2	0.3	99.5	372,162	7,033	2.26	57.9	50.4	655	0.16
2019年(令01)	556,557.5	△0.0	△0.9	100.0	371,507	6,790	2.18	59.8	54.0	387	0.09
2020年(2)	534,730.0	△3.9	△4.6	100.0	365,100	6,286	2.00	62.2	56.7	0	0
2021年(3)	541,580.9	1.3	2.3	99.8	368,493	5,854	1.86	60.1	51.5	0	0
2022年(4)	562,644.4	2.0	1.4	102.3	379,732	6,898	2.20	58.8	50.3	921	0.23
2023年(5)						11,245	3.60			3.869	0.96
資料	内閣府「国民経済計算」			総務省統計局「消費者物価指数」	厚生労働省「毎月勤労統計調査」	厚生労働省調べ		財務省「法人企業統計」		人事院	

（注）　**国内総生産**　総額については、1979年（前年比は1980年）以前は「平成2年基準改定国民経済計算(68SNA)」、1980～1993年（前年比は1981～94年）は「平成7年基準改訂国民経済計算(93SNA)、1994年（前年比は1995年）～1996年は「平成23年4～6月期2次速報」、1997～2005年度は「平成28年4～6月期四半期別GDP速報　時系列表(2次)名目・年度」、2006～09年は「2017年4～6月期四半期別GDP速報　時系列表(2次)名目・年度」（推計方法が変更）、2010年以降は「四半期別GDP速報　時系列表　2021年4～6月期(2次速報値)」による。　**消費者物価指数**　年平均で表示。2020年=100と換算しており、1970年からとなった。　**現金給与総額**　「きまって支給する給与」と「特別に支払われた給与」との合計。事業所規模30人以上。　**春季賃上げ**　主要企業の調査対象は、厚生労働省が把握できた、資本金10億円以上かつ従業員1000人以上の労働組合がある312社。　**労働分配率**　人件費（従業員給与・賞与＋福利厚生費）÷付加価値×100

年	総実労働時間（製造業）時間	所定外労働時間（製造業）時間	労働力人口 総数 万人	就業者総数 万人	うち雇用者 万人	うち非正規雇用 万人	完全失業者 万人	完全失業率 %	労働組合 員数 万人	推定組織率 %	争議件数 件	企業倒産件数 実数 件	前年比 %
1975年（昭50）	167.8	9.1	5,323	5,223	3,646	－	100	1.9	1,259	34.4	7,574	12,606	7.9
1976年（ 51）	173.9	12.2	5,378	5,271	3,712	－	108	2.0	1,251	33.7	7,240	15,641	24.0
1977年（ 52）	174.5	13.0	5,452	5,342	3,769	－	110	2.0	1,244	33.2	5,533	18,471	18.0
1978年（ 53）	175.6	13.7	5,532	5,408	3,799	－	124	2.2	1,238	32.6	4,852	15,875	△14.0
1979年（ 54）	177.9	15.5	5,596	5,479	3,876	－	117	2.1	1,231	31.6	3,492	16,030	0.9
1980年（ 55）	178.2	16.4	5,650	5,536	3,971	－	114	2.0	1,237	30.8	3,737	17,884	11.5
1981年（ 56）	177.4	16.0	5,707	5,581	4,037	－	126	2.2	1,247	30.8	7,034	17,610	△1.5
1982年（ 57）	177.0	15.5	5,774	5,638	4,098	－	136	2.4	1,253	30.5	6,779	17,122	△2.7
1983年（ 58）	178.0	16.2	5,889	5,733	4,208	－	156	2.6	1,252	29.7	4,814	19,155	11.8
1984年（ 59）	180.5	18.1	5,927	5,766	4,265	604	161	2.7	1,246	29.1	3,855	20,841	8.8
1985年（ 60）	179.7	18.4	5,963	5,807	4,313	655	156	2.6	1,242	28.9	4,230	18,812	△9.7
1986年（ 61）	178.2	17.1	6,020	5,853	4,379	673	167	2.8	1,234	28.2	1,439	17,476	△7.1
1987年（ 62）	179.1	17.5	6,084	5,911	4,428	711	173	2.8	1,227	27.6	1,202	12,655	△27.5
1988年（ 63）	181.1	19.7	6,166	6,011	4,538	755	155	2.5	1,223	26.8	1,347	10,122	△20.0
1989年（平01）	179.3	20.0	6,270	6,128	4,679	817	142	2.3	1,223	25.9	1,433	7,234	△28.5
1990年（ 2）	176.6	19.7	6,384	6,249	4,835	881	134	2.1	1,227	25.2	1,698	6,468	△10.5
1991年（ 3）	173.2	18.4	6,505	6,369	5,002	897	136	2.1	1,240	24.5	935	10,723	65.7
1992年（ 4）	168.1	14.4	6,578	6,436	5,119	958	142	2.2	1,254	24.4	788	14,069	31.2
1993年（ 5）	163.4	12.0	6,615	6,450	5,202	986	166	2.5	1,266	24.2	657	14,564	3.5
1994年（ 6）	163.1	12.1	6,645	6,453	5,236	971	192	2.9	1,270	24.1	628	14,061	△3.4
1995年（ 7）	163.9	13.3	6,666	6,457	5,263	1,001	210	3.2	1,261	23.8	685	15,108	7.4
1996年（ 8）	165.8	14.8	6,711	6,486	5,322	1,043	225	3.4	1,245	23.2	695	14,834	△1.8
1997年（ 9）	165.5	15.9	6,787	6,557	5,391	1,152	230	3.4	1,229	22.6	782	16,464	10.9
1998年（ 10）	162.7	13.5	6,793	6,514	5,368	1,173	279	4.1	1,209	22.4	526	18,988	15.3
1999年（ 11）	161.9	13.5	6,779	6,462	5,331	1,225	317	4.7	1,183	22.2	419	15,352	△19.1
2000年（ 12）	184.7	15.4	6,766	6,446	5,356	1,273	320	4.7	1,154	21.5	305	18,769	22.2
2001年（ 13）	162.9	14.1	6,752	6,412	5,369	1,360	340	5.0	1,121	20.7	246	19,164	2.1
2002年（ 14）	163.8	15.3	6,689	6,330	5,331	1,451	359	5.4	1,080	20.2	304	19,087	△0.4
2003年（ 15）	165.6	16.9	6,666	6,316	5,335	1,504	350	5.3	1,053	19.6	174	16,255	△14.8
2004年（ 16）	167.7	17.8	6,642	6,329	5,355	1,564	313	4.7	1,031	19.2	173	13,679	△18.8
2005年（ 17）	167.3	17.9	6,650	6,356	5,393	1,633	294	4.4	1,014	18.7	129	12,998	△5.2
2006年（ 18）	167.7	18.4	6,657	6,382	5,365	1,677	275	4.1	1,004	18.2	111	13,245	1.9
2007年（ 19）	167.6	18.5	6,669	6,412	5,388	1,732	257	3.9	1,008	18.1	156	14,091	6.3
2008年（ 20）	165.6	17.3	6,650	6,385	5,159	1,760	265	4.0	1,006	18.1	112	15,646	11.0
2009年（ 21）	158.4	12.9	6,617	6,282	5,102	1,721	336	5.1	1,008	18.5	92	14,732	△8.7
2010年（ 22）	163.3	15.4	6,590	6,257	5,111	1,756	334	5.1	1,005	18.5	85	13,065	△11.3
2011年（ 23）	162.2	15.4	6,261	5,977	4,918	1,733	284	4.5	996	(18.1)	57	12,707	△2.7
2012年（ 24）	163.5	14.6	6,565	6,280	5,154	1,813	285	4.3	989	17.9	79	12,124	△4.7
2013年（ 25）	162.4	15.0	6,593	6,326	5,221	1,911	265	4.0	987	17.7	71	10,855	△27.4
2014年（ 26）	164.6	17.5	6,609	6,371	5,266	1,968	236	3.6	985	17.5	80	9,731	△10.3
2015年（ 27）	164.7	17.6	6,625	6,401	5,314	1,987	222	3.4	988	17.4	86	8,812	△9.4
2016年（ 28）	164.6	17.5	6,673	6,415	5,400	2,023	208	3.1	994	17.3	66	8,446	△4.2
2017年（ 29）	163.6	16.2	6,720	6,530	5,469	2,036	190	2.8	998	17.1	68	8,405	△0.4
2018年（ 30）	165.1	18.0	6,830	6,664	5,605	2,120	166	2.4	1,007	17.0	58	8,235	△2.0
2019年（令01）	162.0	16.7	6,886	6,724	5,669	2,165	162	2.4	1,009	16.7	49	8,383	1.8
2020年（ 2）	155.8	13.4	6,868	6,676	5,629	2,090	191	2.8	1,011	17.1	57	7,773	△7.2
2021年（ 3）	159.0	15.3	6,860	6,667	5,629	2,064	193	2.8	1,007	16.9	55	6,030	△5.7
2022年（ 4）	159.3	16.0	6,902	6,723	5,699	2,101	179	2.6	999	16.5	65	6,880	15.1
2023年（ 5）													
資料	厚生労働省「毎月勤労統計調査」		総務省統計局「労働力調査」						厚生労働省「労働組合基礎調査」		厚生労働省「労働争議統計調査」	東京商工リサーチ	

（注）総実労働時間と所定外労働時間は事業所規模30人以上。　**労働力人口**　非正規雇用、パート・アルバイトの1983年以前は集計基準が大きく違うため、比較できない。1984年から2001年は労働力調査特別調査2月、2002年から労働力調査詳細集計。2006年から労働力調査年報（2011年は岩手・宮城・福島をのぞく全国集計）。これらも調査方法、調査月などで相違がある。「うち雇用者」は2008年から役員を除く。　**労働組合推定組織率**　組合員数を雇用者数（総務省統計局「労働力調査」各年6月分）で除して算出。2011年は東日本大震災の影響で岩手、宮城、福島を集計していないため、推定組織率を公表しなかった。争議件数は、争議行為を伴うものの件数。企業倒産件数は年集計（1〜12月）

7　春闘基本統計

7-2

都道府県名	労働組合		有効求人倍率	人口		事業所数	従業者数	完全失業者数	完全失業率	企業倒産件数（負債額1000万円以上）		
	組合数	員数										
	2022年6月末	2022年6月末	2022年	2023年1月1日	23年/18年	2021/22年	2021年	2022年	2022年	2021年	2022年	22年/21年
	人	人	倍	人	%		人	千人	%			%
全国	47,495	9,927,292	1.45	125,416,877	△1.8	5,288,073	62,427,908	1,723	2.6	6,030	6,428	6.6
北海道	2,836	310,083	1.16	5,139,913	△3.7	224,499	2,408,665	85	3.2	139	198	42.4
青森	489	51,523	1.21	1,225,497	△6.4	56,902	562,469	19	2.9	33	45	36.4
岩手	670	73,016	1.44	1,189,670	△5.9	56,787	574,612	16	2.5	25	47	88.8
宮城	995	134,299	1.54	2,257,472	△2.4	97,940	1,124,402	36	2.9	72	100	38.9
秋田	471	64,119	1.57	941,021	△7.3	46,848	441,739	12	2.5	19	36	89.5
山形	604	70,732	1.74	1,042,396	△5.8	53,691	514,459	12	2.0	41	47	14.6
福島	787	104,504	1.61	1,818,581	△5.3	84,600	873,877	22	2.2	50	66	32.0
茨城	882	204,783	1.66	2,879,808	△2.4	111,765	1,335,339	39	2.5	104	121	16.3
栃木	658	148,923	1.32	1,929,434	△2.8	82,085	930,023	24	2.3	94	98	4.3
群馬	640	133,783	1.66	1,930,976	△3.0	87,432	965,243	21	2.0	62	69	11.3
埼玉	1,534	357,494	1.21	7,381,035	0.2	235,127	2,789,750	111	2.7	282	285	1.1
千葉	1,169	401,719	1.10	6,310,075	0.2	187,506	2,332,923	88	2.5	206	216	4.9
東京	6,559	2,414,536	1.83	13,841,665	1.5	636,067	10,093,781	226	2.6	1,126	1,151	2.2
神奈川	2,250	584,358	1.01	9,212,003	0.4	289,637	3,769,519	146	2.8	360	406	12.8
新潟	934	153,632	1.74	2,163,908	△5.1	107,377	1,090,529	26	2.2	47	77	63.8
富山	555	90,877	1.70	1,028,440	△3.8	50,584	548,993	10	1.8	54	64	18.5
石川	521	74,553	1.84	1,117,303	△2.9	57,979	589,146	13	2.1	58	49	△15.5
福井	396	53,870	2.04	759,777	△3.9	41,389	407,550	7	1.7	36	32	△11.1
山梨	296	41,019	1.51	812,615	△3.1	42,301	401,383	8	1.8	19	24	26.3
長野	1,335	167,852	1.70	2,043,798	△3.3	103,509	1,018,060	24	2.1	66	70	6.1
岐阜	590	123,673	1.78	1,982,294	△3.5	95,118	959,935	17	1.5	102	99	△2.9
静岡	1,151	287,712	1.41	3,633,773	△2.9	165,077	1,852,997	45	2.2	180	167	△7.2
愛知	2,388	791,785	1.54	7,512,703	△0.5	304,911	4,056,894	87	2.0	364	370	1.6
三重	668	134,938	1.54	1,772,427	△3.4	74,819	871,794	17	1.8	72	65	△9.7
滋賀	691	102,702	1.31	1,413,989	△0.4	55,498	673,444	18	2.3	52	76	46.2
京都	1,019	164,360	1.38	2,501,269	△2.4	113,091	1,239,349	35	2.5	200	237	18.5
大阪	3,913	693,735	1.39	8,784,421	△0.8	389,153	4,764,797	151	3.1	847	845	△0.2
兵庫	1,876	353,870	1.15	5,459,867	△2.3	208,026	2,397,358	74	2.6	339	318	△6.2
奈良	407	47,849	1.32	1,325,385	△3.4	47,227	491,084	16	2.4	74	81	9.5
和歌山	409	53,758	1.26	924,469	△5.2	47,096	421,246	11	2.3	63	73	15.9
鳥取	295	32,382	1.70	546,558	△4.3	25,475	261,468	6	2.0	16	20	25.0
島根	379	42,500	1.88	658,809	△4.7	34,222	335,081	5	1.3	28	26	△7.1
岡山	775	145,047	1.76	1,865,478	△2.9	81,248	905,915	21	2.1	55	59	7.3
広島	1,029	250,031	1.78	2,770,623	△2.7	125,323	1,408,024	32	2.2	96	106	10.4
山口	619	86,393	1.73	1,326,218	△5.0	58,861	631,692	12	1.8	52	38	△26.9
徳島	350	49,025	1.41	718,879	△5.1	35,593	338,737	8	2.2	27	32	18.5
香川	470	63,644	1.69	956,787	△3.7	46,512	473,692	11	2.2	39	27	△30.8
愛媛	505	70,380	1.61	1,327,185	△4.8	62,132	618,163	13	1.9	46	37	△19.6
高知	399	32,025	1.31	684,964	△5.6	34,707	313,732	7	1.9	17	13	△23.5
福岡	1,702	316,604	1.35	5,104,921	△0.5	214,602	2,462,637	78	2.9	208	261	25.5
佐賀	354	57,547	1.60	806,877	△3.2	37,185	396,533	7	1.6	22	22	0.0
長崎	435	59,853	1.33	1,306,060	△5.3	60,398	586,841	14	2.1	40	52	30.0
熊本	641	75,047	1.57	1,737,946	△2.9	74,981	788,727	24	2.6	44	48	9.1
大分	445	80,313	1.56	1,123,525	△3.9	52,246	523,496	11	1.8	37	45	21.6
宮崎	469	47,563	1.55	1,068,838	△3.9	50,480	491,994	14	2.5	27	23	△14.8
鹿児島	472	72,784	1.47	1,591,699	△3.9	74,571	732,917	19	2.3	52	53	1.9
沖縄	463	56,097	1.06	1,485,526	1.0	65,496	656,899	25	3.2	38	34	△10.5
資料	厚生労働省「労働組合基礎調査」		厚生労働省「一般職業紹介状況」	総務省「住民基本台帳に基づく人口、人口動態及び世帯数」		総務省統計局「経済センサス基礎調査」「経済センサス活動調査」		総務省統計局「労働力調査」		東京商工リサーチ「全国企業倒産状況」		

都道府県名	労働者現金給与総額 (全産業、5人以上規模、月額、年平均)			女子パートタイム時給			初任給 (2022年3月卒)				総実労働時間 (2021年、全産業、30人以上規模、月平均)	
	2021年	2022年	22年／21年	2021年	2022年	22年−21年	男子大卒	女子大卒	男子高卒	女子高卒	計	うち所定外
	円	円	％	円	円	円	千円	千円	千円	千円	時間	時間
全　国	319,461	325,817	2.0	1,272	1,319	47	229.7	227.2	183.4	177.6	143.2	12.2
北海道	292,281	293,066	0.3	1,047	1,094	47	217.1	220.7	172.6	167.6	141.2	10.2
青　森	263,815	265,334	0.6	1,023	987	△ 36	221.3	197.9	165.7	162.7	147.3	10.5
岩　手	282,811	288,978	2.2	2,373	1,027	△ 1,346	213.0	216.8	170.1	173.9	147.7	11.9
宮　城	301,360	297,646	△ 1.2	1,112	1,123	11	223.7	211.7	174.7	169.5	146.1	11.9
秋　田	276,635	271,091	△ 2.0	1,017	948	△ 69	196.0	207.2	165.4	172.7	146.2	9.2
山　形	267,141	291,554	9.1	956	1,368	412	225.5	195.8	168.7	164.5	154.8	13.0
福　島	287,428	304,242	5.8	996	1,040	44	207.6	209.7	173.3	160.1	149.7	12.7
茨　城	320,360	317,606	△ 0.9	1,236	1,231	△ 5	211.7	222.3	184.2	179.1	144.0	12.5
栃　木	303,078	320,719	5.8	1,282	1,242	△ 40	230.5	213.5	187.2	181.6	148.7	13.0
群　馬	292,803	308,282	5.3	1,145	1,125	△ 20	224.4	206.9	187.4	173.0	148.4	14.1
埼　玉	285,462	289,092	1.3	1,438	1,550	112	246.2	225.4	193.4	187.3	135.1	11.1
千　葉	299,770	291,849	△ 2.6	1,311	1,241	△ 70	234.7	233.9	196.4	191.2	133.7	10.6
東　京	408,589	424,429	3.9	1,534	1,742	208	240.5	238.0	199.0	202.1	145.0	13.7
神奈川	328,275	326,596	△ 0.5	1,741	1,420	△ 321	229.3	236.1	189.7	202.6	137.1	11.5
新　潟	285,794	285,123	△ 0.2	1,022	1,208	186	216.6	215.7	174.1	171.0	145.0	10.1
富　山	294,901	300,989	2.1	1,160	1,282	122	224.4	225.5	182.1	173.5	145.8	10.2
石　川	296,321	296,791	0.2	1,134	1,067	△ 67	216.3	218.9	176.1	171.4	145.0	10.6
福　井	306,872	306,114	△ 0.2	1,105	1,120	15	217.8	211.5	191.9	171.4	148.5	12.7
山　梨	293,049	297,317	1.5	1,249	1,131	△ 118	218.5	202.3	169.3	167.7	143.4	13.1
長　野	297,871	299,630	0.6	1,047	1,174	127	220.3	212.3	175.5	175.1	147.3	11.6
岐　阜	283,457	293,537	3.6	1,081	1,104	23	223.4	227.0	178.8	176.5	145.4	12.2
静　岡	304,928	310,596	1.9	1,150	1,469	319	218.1	217.3	188.8	183.5	145.1	12.2
愛　知	344,766	348,116	1.0	1,132	1,303	117	229.5	218.3	188.9	192.7	144.2	14.3
三　重	308,351	312,262	1.3	1,110	1,181	71	237.2	205.4	181.9	175.7	143.1	13.4
滋　賀	301,208	312,462	3.7	1,108	1,292	184	233.2	229.4	181.2	179.2	137.2	11.6
京　都	281,507	297,307	5.6	1,533	1,220	△ 313	239.6	224.9	184.1	184.1	133.4	11.2
大　阪	327,485	337,385	3.0	1,365	1,493	128	233.2	227.2	187.8	179.0	139.0	10.6
兵　庫	301,486	302,445	0.3	1,205	1,454	249	225.2	227.6	185.6	186.7	138.5	10.8
奈　良	264,384	271,084	2.5	1,409	1,244	△ 165	223.9	237.3	191.2	197.1	134.8	7.8
和歌山	270,249	292,932	8.4	1,116	1,111	△ 5	222.6	216.4	174.2	168.3	144.0	12.2
鳥　取	266,660	271,486	1.8	1,152	1,715	563	205.6	226.1	172.0	166.5	145.3	10.0
島　根	280,746	280,253	△ 0.2	1,000	1,118	118	202.2	203.0	176.0	160.9	146.2	11.3
岡　山	294,076	298,848	1.6	1,331	1,363	32	220.3	208.0	185.1	173.4	144.0	11.8
広　島	314,276	324,870	3.4	1,255	1,634	379	218.0	223.2	179.4	173.4	144.1	12.6
山　口	289,717	303,623	4.8	1,106	1,029	△ 77	220.1	209.1	182.0	162.1	144.2	11.7
徳　島	293,256	296,271	1.0	1,067	1,225	158	227.1	208.2	179.6	169.9	146.4	10.7
香　川	295,115	302,103	2.4	1,487	1,199	△ 288	207.3	214.5	181.9	169.8	142.5	11.5
愛　媛	273,943	284,198	3.7	956	1,075	119	208.8	191.9	182.5	171.1	144.2	11.6
高　知	269,637	267,089	△ 0.9	1,024	1,065	41	200.6	210.4	167.5	164.1	138.9	6.9
福　岡	292,421	307,912	5.3	1,149	1,523	374	218.9	217.7	184.3	169.9	142.1	10.9
佐　賀	262,550	267,380	1.8	951	1,186	235	217.4	245.0	175.2	166.6	141.2	9.8
長　崎	272,284	264,913	△ 2.7	1,035	983	△ 52	225.2	206.7	179.1	163.2	145.7	11.2
熊　本	275,759	281,712	2.2	1,184	1,036	△ 148	204.6	198.6	174.1	171.1	144.9	10.7
大　分	271,517	280,881	3.4	1,036	1,008	△ 28	211.4	229.8	178.2	181.1	146.4	12.7
宮　崎	257,076	267,624	4.1	1,016	1,020	4	226.8	289.8	189.3	130.3	146.4	12.2
鹿児島	261,548	259,835	△ 0.7	917	1,071	154	208.8	289.0	169.7	165.4	143.6	11.0
沖　縄	256,585	252,536	△ 1.6	1,115	1,127	12	188.8	203.5	185.0	161	142.4	10.2
資料	厚生労働省統計情報部 「毎月勤労統計調査 地方調査」			厚生労働省統計情報部 「賃金構造基本統計調査」							厚生労働省 「毎月勤労統計調査 地方調査」	

7-3

各団体／34年間の賃上げ妥結集計一覧

団体	国民春闘共闘委員会 （2023/7/6最終）				連　合 （7/3最終）				日本経団連						厚生労働省 （8/4最終）	
									大手(8/4最終)				中小(8/10最終)			
集計方法	回答＋妥結				回答＋妥結				妥結				妥結		妥結	
	単純平均		加重平均		単純平均		加重平均		単純平均		加重平均		加重平均		加重平均	
集計数	1373組合		9.4万人		5272組合		287.7万人		136社		一万人		367社		364社	
	金額	率	金額	率	金額	率	金額	率	金額	率	金額	率	金額	率	金額	率
1990	15,656	6.40	17,385	6.57	13,538	5.90	14,629	5.95	15,062	5.89	14,897	5.91	12,336	5.78	15,026	5.94
1991	15,986	6.35	17,562	6.40	13,644	5.70	14,526	5.66	14,922	5.62	14,708	5.60	12,403	5.60	14,911	5.65
1992	15,293	5.90	16,934	5.93	12,517	5.08	13,069	4.97	13,733	5.00	13,391	4.92	11,418	5.00	13,662	4.95
1993	12,610	4.70	13,512	4.64	10,138	3.99	10,614	3.90	11,120	3.92	10,835	3.86	9,124	3.89	11,077	3.89
1994	10,695	3.83	11,429	3.82	8,073	3.12	8,583	3.11	8,913	3.11	8,887	3.10	7,214	3.00	9,118	3.13
1995	9,864	3.48	10,881	3.57	7,347	2.78	7,932	2.80	8,458	2.87	8,245	2.80	6,580	2.71	8,376	2.83
1996	9,656	3.39	10,795	3.49	7,409	2.76	8,227	2.83	8,713	2.88	8,628	2.81	6,665	2.72	8,712	2.86
1997	9,659	3.29	10,849	3.40	7,448	2.72	8,521	2.83	8,774	2.89	8,846	2.84	6,929	2.76	8,927	2.90
1998	8,491	2.81	9,498	2.89	6,869	2.49	7,940	2.59	8,131	2.65	8,293	2.62	6,130	2.43	8,323	2.66
1999	6,981	2.34	7,813	2.44	5,320	1.91	6,495	2.10	6,492	2.09	6,879	2.14	4,619	1.82	7,005	2.21
2000	6,763	2.22	7,547	2.26	4,998	1.79	6,033	1.94	6,297	2.00	6,404	1.97	4,499	1.75	6,499	2.06
2001	6,555	2.16	7,651	2.26	4,960	1.77	5,928	1.92	6,390	2.01	6,365	1.93	4,463	1.74	6,328	2.01
2002	5,764	1.89	7,126	2.01	4,283	1.51	5,347	1.72	5,327	1.66	5,249	1.59	3,274	1.27	5,265	1.66
2003	5,519	1.80	6,470	1.94	4,098	1.45	5,063	1.63	4,893	1.57	5,391	1.65	3,296	1.29	5,233	1.63
2004	5,304	1.76	5,866	1.86	4,345	1.53	5,298	1.70	4,871	1.57	5,378	1.64	3,576	1.41	5,348	1.67
2005	5,457	1.83	6,298	1.96	3,723	1.49	4,908	1.68	5,109	1.63	5,504	1.67	3,743	1.47	5,422	1.71
2006	5,739	1.89	6,331	1.97	3,982	1.59	5,237	1.79	5,160	1.66	5,813	1.76	3,901	1.54	5,661	1.79
2007	5,673	1.90	6,720	2.00	4,167	1.65	5,523	1.86	5,533	1.78	6,202	1.90	4,149	1.64	5,890	1.87
2008	5,788	1.93	6,720	2.08	4,212	1.68	5,523	1.88	5,617	1.84	6,271	1.95	4,184	1.66	6,149	1.99
2009	5,304	1.77	5,926	1.94	3,470	1.34	4,848	1.67	5,339	1.76	5,758	1.81	3,637	1.42	5,630	1.83
2010	5,205	1.74	5,771	1.89	3,550	1.41	4,805	1.67	5,383	1.76	5,886	1.86	3,824	1.52	5,516	1.82
2011	5,389	1.83	5,610	1.87	3,786	1.50	4,924	1.71	5,379	1.78	5,842	1.85	4,262	1.64	5,555	1.83
2012	5,235	1.81	5,448	1.86	3,740	1.50	4,902	1.72	5,227	1.72	5,752	1.81	3,880	1.55	5,400	1.78
2013	5,312	1.88	5,927	1.99	3,619	1.51	4,866	1.71	5,340	1.76	5,830	1.83	4,085	1.63	5,478	1.80
2014	5,739	2.02	6,174	2.09	4,157	1.74	5,928	2.07	6,204	2.02	7,370	2.28	4,416	1.76	6,711	2.19
2015	5,698	2.07	6,170	2.08	—	—	6,354	2.20	6,967	2.24	8,235	2.52	4,702	1.87	7,367	2.38
2016	5,363	2.00	5,823	2.03	—	—	5,779	2.00	6,481	2.07	7,497	2.27	4,651	1.83	6,639	2.14
2017	5,297	2.02	5,817	2.07	—	—	5,712	1.98	6,648	2.11	7,755	2.34	4,586	1.81	6,570	2.11
2018	5,493	2.00	6,126	2.09	—	—	5,934	2.07	7,294	2.27	8,539	2.53	4,804	1.89	7,033	2.26
2019	5,367	2.00	5,918	2.05	—	—	5,997	2.07	6,905	2.15	8,200	2.43	4,815	1.89	6,790	2.18
2020	4,982	1.97	6,085	2.12	—	—	5,506	1.90	6,600	2.04	7,096	2.12	4,471	1.72	6,286	2.00
2021	4,886	1.84	5,696	1.93	—	—	5,180	1.78	5,911	1.86	6,124	1.84	4,376	1.68	5,854	1.86
2022	5,960	2.06	5,655	2.02	—	—	6,004	2.07	7,290	2.26	7,562	2.27	5,036	1.92	6,898	2.20
2023	6,483	2.59	6,318	2.31	—	—	10,560	3.58	12,595	3.88	13,362	3.99	8,012	3.00	11,245	3.60
23-22(差)	523	0.53	663	0.29	—	—	4,556	1.51	5,305	1.62	5,800	1.72	2,976	1.08	4,347	1.40
33年間の総額	249,166	141.19	275,851	146.81	—	—	236,695	126.74	253,078	129.55	266,994	134.30	188,060	112.86	255,904	131.98

注：①国民春闘共闘の集計は、2020年より全組合集計に移行。2019年までは登録組合集計。②連合集計は、2015年以降は加重平均のみ発表
資料：国民春闘回答集権センター作成（2023年8月15日現在）

7-4

国家公務員の給与改定の推移

年		人事院勧告				国会決定	
		較差		実施時期	一時金支給月数	内容	実施時期（月例給）
		円	％				
1965	(昭40)	2,651	7.20	5.1	4.30	勧告どおり	4月遅れ実施
1966	(昭41)	2,820	6.90	〃	〃	〃	
1967	(昭42)	3,520	7.90	〃	4.40	〃	3月遅れ実施
1968	(昭43)	3,973	8.00	〃	〃	〃	2月遅れ実施
1969	(昭44)	5,660	10.20	〃	4.50	〃	1月遅れ実施
1970	(昭45)	8,022	12.67	〃	4.70	〃	勧告どおり
1971	(昭46)	8,578	11.74	〃	4.80	〃	〃
1972	(昭47)	8,907	10.68	4.1	〃	〃	〃
1973	(昭48)	14,493	15.39	〃	〃	〃	〃
1974	(昭49)	31,144	29.64	〃	5.20	〃	〃
1975	(昭50)	15,177	10.85	〃	〃	〃	〃
1976	(昭51)	11,014	6.94	〃	5.00	〃	〃
1977	(昭52)	12,005	6.92	〃	〃	〃	〃
1978	(昭53)	7,269	3.84	〃	4.90	〃	〃
1979	(昭54)	7,373	3.70	〃	〃	〃	〃（指定職は10月）
1980	(昭55)	9,621	4.61	〃	〃	〃	〃（〃）
1981	(昭56)	11,528	5.23	〃	〃	本省課長以上及び調整手当は1年遅れ実施。期末・勤勉手当旧ベース	〃
1982	(昭57)	10,715	4.58	〃	〃	実施見送り	-
1983	(昭58)	15,230	6.47	〃	〃	2.03％実施	勧告どおり
1984	(昭59)	15,541	6.44	〃	〃	3.37％実施	
1985	(昭60)	14,312	5.74	〃	〃	勧告どおり	3月遅れ実施
1986	(昭61)	6,096	2.31	〃	〃	〃	勧告どおり
1987	(昭62)	3,985	1.47	〃	〃	〃	〃
1988	(昭63)	6,470	2.35	〃	〃	〃	〃
1989	(平1)	8,777	3.11	〃	5.10	〃	〃
1990	(平2)	10,728	3.67	〃	5.35	〃	〃
1991	(平3)	11,244	3.71	〃	5.45	〃	〃
1992	(平4)	9,072	2.87	〃	〃	〃	〃
1993	(平5)	6,286	1.92	〃	5.30	〃	〃
1994	(平6)	3,975	1.18	〃	5.20	〃	〃
1995	(平7)	3,097	0.90	〃	〃	〃	〃
1996	(平8)	3,336	0.95	〃	〃	〃	〃
1997	(平9)	3,632	1.02	〃	5.25	〃	〃（指定職は10年4月）
1998	(平10)	2,785	0.76	〃	〃	〃	〃
1999	(平11)	1,054	0.28	〃	4.95	〃	〃
2000	(平12)	447	0.12	〃	4.75	〃	〃
2001	(平13)	313	0.08	〃	4.70	〃	〃
2002	(平14)	△7,770	△2.03	(注①)	4.65	〃	〃
2003	(平15)	△4,054	△1.07	(注①)	4.40	〃	〃
2004	(平16)	水準改定の勧告なし		-	〃		-
2005	(平17)	△1,389	△0.36	(注①)	4.45	勧告どおり	勧告どおり
2006	(平18)	水準改定の勧告なし		-	〃		-
2007	(平19)	1,352	0.35	4.1	4.50	指定職の職員は実施見送り	勧告どおり
2008	(平20)	水準改定の勧告なし		-	〃		-
2009	(平21)	△863	△0.22	(注①)	4.15	勧告どおり	勧告どおり
2010	(平22)	△757	△0.19	(注①)	3.95	〃	〃
2011	(平23)	△899	△0.23	(注①)	〃	俸給による水準改定は勧告どおり	〃（注②）
2012	(平24)	水準改定の勧告なし		-	〃	-	-
2013	(平25)	水準改定の勧告なし		-	〃		
2014	(平26)	1,090	0.27	4.1	4.10	勧告どおり	勧告どおり
2015	(平27)	1,469	0.36	〃	4.20	〃	〃
2016	(平28)	708	0.17	〃	4.30	〃	〃
2017	(平29)	631	0.15	〃	4.40	〃	〃
2018	(平30)	655	0.16	〃	4.45	〃	〃
2019	(令1)	387	0.09	〃	4.50	〃	〃
2020	(令2)	水準改定の勧告なし(注③)		-	4.45	〃	
2021	(令3)	水準改定の勧告なし		-	4.30	〃	(注④)
2022	(令4)	921	0.23	4.1	4.40	〃	勧告どおり
2023	(令5)	3,869	0.96	〃	4.50		

注：①勧告を実施するための法律の公布日の属する月の翌月の初日（4月から実施日の前日までの期間に係る較差相当分を解消するため、12月期の期末手当で減額調整）。②2011年は、内閣が人事院勧告を実施するための法案は提出しないとの決定をしたが、議員立法（給与改定・臨時特例法）により勧告を実施（年間調整の時期のほか、水準改定以外の勧告の実施方法については、一部勧告内容を修正）。また、同法では、勧告とは別に東日本大震災への対処等のため、2012年4月から2014年3月までの間、給与の特例減額支給措置を実施。③2020年は、10月7日に期末・勤勉手当の改定を先行して勧告。月例給については、10月28日に改定しないことを報告。④2021年度の期末手当引下げ相当額は2022年6月期の期末手当で減額調整。

資料：人事院「令和4年度年次報告書」より

『2024年国民春闘白書』の編集・執筆にあたって、次の方々にご協力いただきました。（五十音順）

秋山正臣（全労連副議長）
板橋由太朗（全教中央執行委員）
板山裕樹（自治労連中央執行委員）
伊藤圭一（全労連雇用・労働法制局長）
稲葉美奈子（全労連常任幹事・青年部書記長）
井上　伸（国公労連書記）
稲生　勝（摂南大学教授）
上野邦雄（労働総研会員）
小畑雅子（全労連議長）
垣内　亮（日本共産党経済・社会保障政策委員）
香月直之（全労連公共闘争局長）
金田　豊（労働総研会員）
木田保男（全日本年金者組合書記長）
木下寿国（ライター）
黒澤幸一（全労連事務局長）
桑田富夫（労働総研代表理事）
斎藤辰巳（全労連賃金闘争局長）
斎藤　力（労働総研業務執行理事）
澤木朋子（労働総研事務局員）
高橋信一（憲法会議事務局長）
谷江武士（名城大学名誉教授／労働総研監事）
寺園通江（全労連事務局次長）
中島康浩（労働総研会員）
林　信悟（中央社保協事務局長）
星野　慧（全農協労連書記次長）
前沢淑子（消費税をなくす全国の会事務局長）
松丸和夫（中央大学教授／労働総研代表理事）
溝口耕二（全労連書記局）
森田　進（日本医労連書記長）

全国労働組合総連合（全労連）
〒113-8462　東京都文京区湯島2-4-4
TEL03（5842）5611　FAX03（5842）5620
http://www.zenroren.gr.jp
E-mail　webmaster@zenroren.gr.jp

一般社団法人労働運動総合研究所
（労働総研）
〒102-0093　東京都千代田区平河町1-9-1
メゾン平河町501
TEL03（3230）0441　FAX03（3230）0442
http://www.yuiyuidori.net/soken/
E-mail　rodo-soken@nifty.com

2024年国民春闘白書──データブック──

発行　2023年12月8日　初　版　　　　　　　　　　定価1100円（本体1000円＋税）

編集　**全国労働組合総連合（全労連）／一般社団法人労働運動総合研究所（労働総研）**

発行所　**学習の友社**
〒113−0034　東京都文京区湯島2-4-4
TEL 03（5842）5641　FAX 03（5842）5645
振替　00100−6−179157

印刷所　株式会社光陽メディア